重庆师范大学文学院"精是"文库
重庆师范大学学术著作出版基金资助

范桂娟

著

中古汉语

联合关系
连词研究

中国社会科学出版社

图书在版编目（CIP）数据

中古汉语联合关系连词研究／范桂娟著. -- 北京：中国社会科学出版社，2025.4. -- ISBN 978-7-5227-4280-9

Ⅰ.H141

中国国家版本馆 CIP 数据核字第 2024R84L94 号

出 版 人	赵剑英
责任编辑	郭晓鸿
特约编辑	杜若佳
责任校对	师敏革
责任印制	戴　宽

出　　版	中国社会科学出版社
社　　址	北京鼓楼西大街甲 158 号
邮　　编	100720
网　　址	http://www.csspw.cn
发 行 部	010-84083685
门 市 部	010-84029450
经　　销	新华书店及其他书店
印刷装订	北京明恒达印务有限公司
版　　次	2025 年 4 月第 1 版
印　　次	2025 年 4 月第 1 次印刷
开　　本	710×1000　1/16
印　　张	16.75
插　　页	2
字　　数	227 千字
定　　价	89.00 元

凡购买中国社会科学出版社图书，如有质量问题请与本社营销中心联系调换
电话：010-84083683
版权所有　侵权必究

中文摘要

  连词研究是汉语词类研究中相对较薄弱的一个环节，研究专著较少，成果多散见于辞书、通论著作及单篇论文中。中古汉语联合关系连词指中古时期连接意义平等、无主从之分的连接项的汉语连词，包括并列、承接、选择、递进四种类型。本书以中古时期的代表性文献为语料来源，包括汉译佛经、史书、小说和杂著等类型，对该时期联合关系连词的使用及演化情况进行了描写和解释。

  全书共六章，主要内容包括三个方面：首先，描写了中古汉语联合关系连词的使用情况，包括连词在文献中的分布情况、句法位置、连接项数量、语法功能、语义功能，以及出现的语境等；其次，探讨了中古汉语联合关系连词的来源及演化情况，追根溯源探讨连词的语法化过程，勾勒出联合关系连词的演化过程；最后，总结了中古汉语联合关系连词的使用及演化特点，包括其总体数量、分布情况、语法类型及功能特点，运用语法化和认知理论分析了其语法化和词汇化途径，并对其演化机制进行了说明。

  关键词：中古汉语；连词；语法化；联合关系

Abstract

Conjunction study is a vulnerable spot of Chinese word-class study. The research monograph on conjunction is few. And the research achivement is scatter on dictionary, general works and papers. The Joint relational conjunctions in medieval Chinese refer to the conjunctions that connect items with equal meaning and no distinction between subjuct and subordinate in the Middle Ages.

The Chinese coordinate conjunction of medieval times includes four kinds: parataxis、undertake、select and progressive relationship. This paper selects some representative literature in medieval times which include the Chinese translation buddhist scripture, history book, novel and miscellaneous. It describes and interpret the source and evolution of Chinese coordinate conjunction of medieval times. The main content has three parts. Firstly, the paper describes the use of Chinese coordinate conjunction in medieval times. It includes the distribution in literature, the syntactic position, the number of connection items, language unit level of connection items, grammatical relations of connection items, semantic focus points, sentence patterns and category, context environment. Secondly, it studies on the source and evolution of Chinese coordinate conjunction in medieval times. It figure out the conjunction's grammaticalization process and developing condition through hard and thorough research. Thirdly, it summarizes the characteristics of Chinese coordinate conjunction in medieval times. The paper sum up all the numbers of conjunctions, the distribution, kinds and function characteristics. It analyses the path of grammaticalization and lexicalization by grammaticalization and cognition theory, and explain the evolution mechanism.

Key words: Chinese in medieval times; Conjunction; Grammaticalization; Coordinate relationship

目 录

绪 论 ……………………………………………………… (1)
 第一节 研究对象和研究内容 ……………………………… (1)
 第二节 研究现状 …………………………………………… (8)
 第三节 研究意义及语料说明 ……………………………… (19)

第一章 中古汉语并列连词 …………………………………… (24)
 第一节 并列连词概述 ……………………………………… (24)
 第二节 使用情况 …………………………………………… (27)
 第三节 来源与演化过程 …………………………………… (59)
 本章小结 ……………………………………………………… (79)

第二章 中古汉语承接连词 …………………………………… (81)
 第一节 承接连词概述 ……………………………………… (81)
 第二节 使用情况 …………………………………………… (85)
 第三节 来源与演化过程 …………………………………… (115)
 本章小结 ……………………………………………………… (132)

第三章 中古汉语选择连词 …………………………………… (134)
 第一节 选择连词概述 ……………………………………… (134)

第二节　使用情况 …………………………………………（137）
　　第三节　来源与演化过程 …………………………………（156）
　　本章小结 ……………………………………………………（163）

第四章　中古汉语递进连词 …………………………………（165）
　　第一节　递进连词概述 ……………………………………（165）
　　第二节　使用情况 …………………………………………（168）
　　第三节　来源与演化过程 …………………………………（199）
　　本章小结 ……………………………………………………（206）

第五章　中古汉语联合关系连词的使用特点 ………………（209）
　　第一节　数量及分布特点 …………………………………（209）
　　第二节　类型特点 …………………………………………（212）
　　第三节　语法功能特点 ……………………………………（217）
　　本章小结 ……………………………………………………（221）

第六章　中古汉语联合关系连词的历时演变 ………………（223）
　　第一节　语法化路径 ………………………………………（223）
　　第二节　词汇化路径 ………………………………………（232）
　　第三节　语法化机制及特点 ………………………………（237）
　　本章小结 ……………………………………………………（244）

结　语 …………………………………………………………（245）
主要引书目录 …………………………………………………（247）
参考文献 ………………………………………………………（249）
后　记 …………………………………………………………（259）

绪 论

第一节 研究对象和研究内容

一 研究对象

本书的研究对象为中古时期具有联合关系的汉语连词[1]，下面分别从中古汉语的划分、连词的功能及其界定方面进行叙述。

（一）中古汉语的划分

关于语言的历时分期，学界意见纷纭未有定论，如王力认为中古为公元 4 世纪到 12 世纪，吕叔湘在《近代汉语指代词·序》中以晚唐五代为界将汉语史分为古代汉语和近代汉语，周祖谟和太田辰夫认为中古为魏晋南北朝时期，方一新将中古限定为东汉至隋朝，其分界考虑到了语法、语音的发展特点，同时兼顾词汇的变化[2]。语言的发展

---

[1] 连词根据连接项语义之间的意义关系分为联合连词和偏正连词两类，联合关系连词各连接项之间意义平等，无主从之分；偏正关系连词各连接项之意义有主有从。联合关系连词主要有并列、承接、选择和递进连词；偏正关系连词主要有条件、假设、让步、转折、因果、目的连词等。

[2] 王力：《汉语史稿（上册）》，中华书局1980年版，第33—34页；吕叔湘著，江蓝生补：《近代汉语指代词》，学林出版社1985年版；周祖谟：《汉语发展的历史》，载《周祖谟语言文史论集》，浙江古籍出版社1988年版，第1—18页；[日] 太田辰夫：《汉语史通考》，江蓝生、白维国译，重庆出版社1991年版，第2页；方一新：《从中古词汇的特点看汉语史的分期》，《汉语史学报》（第四辑），上海教育出版社2004年版，第178—184页。

具有连续性和渐变性,确定汉语史的分期需要综合考虑语音、词汇、语法甚至政治和文化的发展变化,用其中任何一条或几条标准很难进行科学的划分,所有这些分期只是为了方便对汉语研究进行大致的划分。综合考虑各家观点,我们将中古汉语时代界定为东汉至隋朝。这一划分不一定绝对准确,只是为我们的研究方便划定一个大致的时间范围。

(二)连词的功能及其界定

1. 连词的功能

连词是主要起连接功能的虚词,关于连词的界定传统主要从其连接功能进行界定,如《马氏文通》认为,"凡虚字用以提承推转字句者,曰连字"①,即起提承推转作用的虚词为连词,从连接功能上界定了连词。后世基本沿用这一标准,但对连词语义关系的分类更加详细。如杨伯峻、何乐士指出,"连词是在词、词组、分句、句、句群之间起连接作用,表示它们之间各种关系的词"②;黄伯荣、廖序东认为,"连词起连接作用,连接词、短语、分句和句子等,表示并列、选择、递进、转折、条件、因果等关系"③;胡裕树的定义和黄伯荣、廖序东两位先生的看法大致相同④。本书认为,连词应该从功能、句法和语义三个方面综合界定:首先,连词是起连接作用的词,连接的语言单位有词、短语、句子、复句等;其次,连词不能独立作句中成分,一般也不受其他词的修饰;最后,连词能表示并列、选择、因果等各种逻辑语义关系。因此,连词是起连接作用、不充当句子成分、表示各种连接关系的虚词。

学界主要从复句连接功能角度考察连词,但还可以从篇章连接和

---

① 马建忠:《马氏文通》,商务印书馆1983年版,第277页。
② 杨伯峻、何乐士:《古汉语语法及其发展》,语文出版社1992年版,第453页。
③ 黄伯荣、廖序东主编:《现代汉语》(增订四版下册),高等教育出版社2007年版,第29页。
④ 胡裕树主编:《现代汉语》(重订本),上海教育出版社1995年版,第294页。

心理认知功能角度考察连词。考察其篇章连接功能，如吕叔湘（1956/1990）从说话者表达的角度将其分为：离合与向背、异同与高下、释因与纪效、假设与推论、擒纵与衬托。90年代以后有廖秋忠（1992）、方梅（2000、2012）、张文贤（2017）等，廖秋忠将连词分为跨句和跨段两类；方梅从话语组织和言语行为功能角度对连词进行了区分；张文贤将连词分为复句连接和全局连接。还有从宏观认知心理角度考察连词的，如王维贤（1997）把关系意义分为事理、认识和心理三类，沈家煊（2003）根据Sweetser（1990）的理论划分出的复句三域：形域、知域、言域，将复句置于三域范围内分类。上述三个角度都涉及连词的连接功能，范围涉及复句、篇章和认知心理角度，其实连词还涉及连接句内成分，如果从词类角度来看，其核心特征主要还是句内成分和复句连接。

2. 连词的典型特征

传统汉语连词典型特征的认定主要从连接功能进行认定，但连接功能是比较宽泛的语法范畴，哪些连接功能属于连词的核心功能还没有统一的界定。席嘉《近代汉语连词》（2010：5）认为，汉语连词的典型特征为：关联、特定分布和虚化。这三个特征分别涵盖了连词的功能、分布和演化特征，可以比较全面地概括连词的特征，但是席文讨论主题不在于此，其论述比较宽泛和抽象。

我们认为，连词主要有如下三个典型特征。

第一，连词主要起连接作用。连接功能是表示连接单位之间的各种逻辑关系的手段，它不仅衔接语言，还包括表示被连接单位之间的各种逻辑关系。关于连接功能，功能语言学的界定比较宽泛，如Halliday（1985/2004）的系统功能语法将语言的关联功能纳入衔接功能，把衔接分为语法衔接（grammatical cohesion）和词汇衔接（lexical cohesion），前者包括照应、省略、替代和连接，后者包括重复、同义/反义、上下义/局部——整体关系和搭配。作为词类来说，连词的连接功能应该主要限定于其语法功能。连词基本和主要功能为连接,应注意到由于语言表达的复杂性以及语言演化的过程性,有些连词往往兼有其他功能,所以要分清功能的主次。例如关联副词(如"就""又""才"等)也具有前后语义关联功能,它和连词在历时演化过程中存在部分交叉,导致划界不明。

第二,连词符合联系项分布原则。根据 Dik(1997)"联系项"理论,连词和介词、格标记、从属小句引导词、修饰语标记、副词标记等都属于联系项,其共同作用是将两个有并列或从属关系的成分连接成一个更大的单位,并且标明两个成分之间的关系。Dik(1997)指出联系项的优先位置为:(i)在两个被联系成分之间;(ii)如果联系项位于某个被联系成分上,则它会在该联系成分的边缘位置。刘文认为,"就我们接触的几十种语言材料看,联系项原则的预测力确实非常强"。席嘉(2010)发现汉语连词的表现符合联系项原则:1)句内连词位于连接成分之间,符合原则(i)和(ii);2)后置句连词大多位于后句主语前,即前后句之间,也符合原则(i)和(ii);3)前置句连词出现在句首符合原则(ii)。

第三,连词语法化程度较高。连词属于比较典型的虚词,语法化程度较高,相对于其他词类来说,连词往往位于语法化链的末端[①]。语法化指实义词或结构虚化为无实在意义、表语法功能的成分的过程或现象(Hopper,1991;Hopper & Traugott,1993),语法化是一个去语义化的连续过程。连词的语法化包括共时和历时两个方面的功能演变,从共时角度来说,连词主要起连接语言单位的作用,显示联系项之间的逻辑语义关系,词汇意义缺失或较少,属于比较典型的无实在意义、表语法功能的成分。从历时角度来看,连词往往位于语法化链

---

① 汉语没有屈折词缀,演化一般到虚词或附着语素为止。

末端，其源词有名词、动词、副词、代词、介词及相关词组①。虚化程度较高的副词和介词也会进一步虚化为连词，副词演化为连词的如：时间副词>原因连词（如"既"）、语气副词>假设连词（如"即"）；介词演化为连词的如：凭借介词>原因连词（如"因"）、伴随介词>并列连词（如"及"）、排除对象介词>条件连词（如"除"）。有时连词会进一步虚化为构词语素（如即、便>即便，为、缘>为缘）等，这种演化不会增加词汇意义。当然，连词在演化过程中并不总是位于语法化链的末端，极少数连词有时会进一步演化为其他词类，如"要不"经历了"选择连词>语气副词"②，但这种情况极少。总之，连词主要起连接逻辑语义的作用，本身意义空虚，历时演化中往往处于语法化链中的末端，属于典型的虚词。

3. 连词与相关词类的区分

和连词功能接近且难以区分的主要是关联副词和伴随介词。连词主要起连接作用，副词起修饰作用，介词起介引作用，从功能上来界定它们似乎泾渭分明，但它们实际上有时候在功能上有重叠的地方。

首先来看连词和关联副词的界定问题。关联副词如"就""还""才"等也具有一定的连接功能，和连词的界限一直纠缠不清，学术界对二者的区分标准有三种观点。第一，句法位置标准。赵元任的限定比较窄，他认为，只能出现在主语前的是连词③，吕叔湘则认为，既能出现在主语前也能出现在主语后的是连词，副词只能出现在主语后④。第二，语法功能标准。李泉指出典型的连词和副词分别起连接和修饰作用，但副词的修饰对象是单一的，且主要修饰动词，而连

---

① 参见席嘉《近代汉语连词》，中国社会科学出版社 2010 年版，第 349—354 页。
② 史金生：《"要不"的语法化——语用机制及相关的形式变化》，《解放军外国语学院学报》2005 年第 6 期。
③ [美]赵元任：《汉语口语语法》，吕叔湘译，商务印书馆 1979 年版，第 352 页。
④ 吕叔湘：《汉语语法分析问题》，商务印书馆 1979 年版，第 45 页。

词连接对象是两个或多个成分,且不限于动词①。第三,句法位置和语法功能结合标准。黄盛璋较早对此进行了研究,他指出:"凡能用于主语前面的,一定是连词不是副词;凡是不能用于主语前面的,一定是副词不是连词;虽然能用于主语前头,但是能单独一句站得住,那也是副词不是连词;凡能用于主语前头,但又不能单独一句站得住,必须有上下文,是连词不是副词。"② 同样,张宝林将关联作用放在了第一位,同时考虑到了句法位置,认为如果不起关联作用则肯定不是连词,起关联作用且只能位于主语前或位于主语前后皆可的是连词,而起关联作用但只能位于主语后的是副词③。综合以上观点,现在学术界有如下共识:一般来说,只能位于主语前的是连词,既能位于主语前也能位于主语后的是连词,而只能位于主语后的是副词。上述标准可以区分绝大多数连词和关联副词,但是词类界定的复杂性往往超乎我们的预料,还有少部分连词只能出现在主语后,如"虽""既""尚且"等,所以要完全区分清楚连词和关联副词,还必须要考虑到连词的基本功能——连接功能,对于通过句法位置不能区分的词,要综合考虑其功能,如果主要起连接功能的是连词,主要起修饰功能的是副词,当然这种功能不能直观显示的时候,还是需要通过句法手段进行辨别,如看需要辨别的词关联对象是否必须为两个,如果是两个则是连词,如果只有一个则是副词,正如周刚所提出的那样,连词连接的成分一般有后续或先行话语与之呼应,结构形式上具有黏附性,而关联副词与之组合的成分可以单说④。

---

① 李泉:《副词和副词的再分类》,载胡明扬主编《词类问题考察》,北京语言学院出版社1996年版,第52页。
② 黄盛璋:《论连词跟副词的划分》,《语文教学》1957年第8期。
③ 张宝林:《关联副词的范围及其与连词的区分》,载胡明扬主编《词类问题考察》,北京语言学院出版社1996年版,第399页。
④ 周刚:《连词与相关问题》,安徽教育出版社2002年版,第129—130页。

连词和介词的纠葛主要有两个小类，一是并列连词和伴随介词，如"并""与""和"；二是因果连词和原因介词，如"因为""由于"。本书研究对象不包括偏正类连词，所以我们只讨论并列连词和伴随介词的划分问题。关于并列连词和伴随介词的分界，学术界成果比较多，如汤廷池讨论"和"是介词还是连词时提出插入法和话题法，凡是可以在前一成分与"和"之间插入状语或其他成分的是介词，否则为连词；前一成分与"和"之间能停顿、附加语气词使其成为话题的是介词[1]。刘静辉提出了三种方法，一为互换法，"和"的前后项能互换为连词，否则为介词；二为替代法，"和"能用顿号替代的是连词，否则为介词；三为插入法，与汤廷池方法一致[2]。邢福义认为，介词前面可能有副词等状语性成分，连词后面可能有总括性副词"都"与之呼应[3]。上面这些方法都是区分连词和介词比较有效的方法，但很多学者的概括不够全面，张谊生（1996）进行了比较详细的论述，他提出了替代法、互换法、分解法、插入法、题化法和转换法六种方法[4]，替代法是用"他（她）们俩"替换"N_1跟N_2"，替换后语义不变的是连词，否则是介词；互换法是将"N_1和N_2"前后位置互换，语义不变的是连词，否则是介词；分解法是将"N_1和N_2"分解开来，再跟后面的述谓成分组合，组合后语义不变的是连词，否则是介词；插入法是在"N_1"与"跟"之间插入状语及其他成分，能插入的是介词，否则是连词；题化法是在"N_1"之后略作停顿并附上语气词，使之成为话题，能题化的是介词，不能题化的是连词；转换法是将"N_1"转换到"N_2"及其述谓成分之后，重新与其他词语组合，凡是能转换的是介词，否则为连词。上述各种方法都是区分连介兼类词比

---

[1] 汤廷池：《国语语法研究论集》，台湾学生书局1979年版，第202页。
[2] 刘静辉：《怎样辨别连词"和"与介词"和"》，《语文教学与研究》1984年第2期。
[3] 邢福义：《汉语语法学》，东北师范大学出版社1996年版，第201页。
[4] 张谊生：《交互类短语与连介兼类词的分化》，《中国语文》1996年第5期。

较有效的方法，我们可以综合使用它们来对并列连词和伴随介词进行鉴别。

二 研究内容

本书主要研究中古汉语联合关系连词的使用情况，探讨这些连词的来源及演化状况，归纳其演化的动因、机制。本书主要内容包括三部分：首先是描写中古汉语联合关系连词的使用情况，关于中古汉语联合关系连词的数量、分布和功能的研究成果并不多，文章将通过甄别整理前人研究成果，结合所选语料对中古汉语联合关系连词的使用情况进行描写和分析；其次是探讨中古汉语联合关系连词的来源及演化情况，学术界对这方面的研究有一些成果，但比较零散且不成系统，本书根据前人研究，分析所选语料，对连词进行追根溯源，探讨连词的语法化过程，初步勾勒中古汉语联合关系连词的演化过程；最后，根据前两项研究，我们使用语法化和认知语言学相关理论，对连词的产生动因和演化机制进行归纳总结，概括中古汉语联合关系连词演化的一般规律。

第二节 研究现状

一 国外研究概况

（一）国外相关理论

本书主要使用语法化理论研究连词的演化过程和机制，所以这里简单介绍一下与之相关的理论。语法化指语法范畴和语法成分产生和形成的过程或现象，典型的语法化现象是语言中意义实在的词或结构式变成无实在意义、仅表示语法功能的语法成分，或者一个不太虚的语法成分变成一个更虚的语法成分[1]，中国传统语言学称之为"实词虚化"。当前语法化研究主要有两条路子：一是从认知规律研究实词如何虚化为虚词，代表学者（及成果）有 Anderson[2]、Lyons[3] 和 Hein（1991）等，他们将空间概念作为基本概念，其他认知域如时间域、目的域都由此转移而来；二是从语用和信息交流规律方面来探究语法化的原因，认为章法、句法和构词成分构成一个语法化链条，代表学者和成果有 Givón[4]、Hopper[5] 等，他们提出先有章法后有句法，今天的句法就是昨天的章法。

语法化有一些公认的规律，沈家煊根据西方语言学界的研究总结出了九条常见规律[6]：①并存原则，新形式出现后，旧形式不会马上消失，二者有一个并存阶段；②歧变原则，一个实词可以朝不同方向变为不同的语法成分；③择一原则，表达同一种语法功能的多种并存形式经过筛选和淘汰，最后会缩减到一、二种；④保持原则，实词虚化以后或多或少会保留源词的一些特点；⑤降类原则，语法化会导致词类的降格，由主要词类（实词）降为次要词类（虚词），或者由开放词类降为封闭词类；⑥滞后原则，语形的变化（由大变小、由繁变简、由自由变黏着）总是滞后于语义的变化（泛化、简化、抽象化）；⑦频率原则，实词的使用频率越高就越容易虚化，虚化的结果又提高了使用频率；⑧渐变原则，语法化是一个连续的渐变过程，很难截然分开；⑨单向循环原则，单向原则为主要趋势，一个成分虚化到极限后有可能又和一个实词融合，自身变成零形式。

---

[1] 吴福祥：《近年来语法化研究的进展》，《外语教学与研究》2004 年第 1 期。

[2] Anderson, J. M., *The Grammar of Case: Towards a Localitic Theory*, Cambridge: Cambridge University Press, 1979.

[3] Lyons, J., *Semantics*, 2 Vols, Cambridge: Cambridge University Press, 1977.

[4] Givón Talmy, *On Understanding Grammar*, New York: Academic Press, 1979.

[5] Hopper, Paul J., "Aspect and Foregrounding in Discourse", in Talmy Givón ed., *Syntax and Semantics 12*, New York: Acadamic Press, 1979.

[6] 沈家煊：《"语法化"研究综观》，《外语教学与研究》1994 年第 4 期。

语法化的机制有重新分析、类推、隐喻、语用推理、泛化、和谐、语境吸收、主观化和交互主观化等。Hopper 和 Traugott 认为，语法化的主要机制是重新分析和类推①，重新分析指表层相同的结构，其内部结构因语用或其他原因被重新划分边界，从而在底层上改变了音位、词法、句法的结合方式；类推指语言原有结构没有发生变化，但因套用某个法则，类推出不同于原来的新结构，新结构表层不同但底层意义相同。Bybee、Perkins 和 Pagliuca 总结出了隐喻、语用推理、泛化、和谐、语境吸收五个机制②，隐喻（metaphor）是根据概念之间的相似性将一个领域的概念投射到另一个领域，或者说从一个认知域（源域）投射到另一个认知域（目标域）；语用推理（inference）指说话人和听话人之间有一种紧张关系，说话人希望话语尽量简短，听话人希望尽量详细，于是听话人就依靠语境从说话人有限的话语中推导出隐含义，长此以往，隐含义逐渐固化甚至可能取代原来的意义；泛化（generalization）指一个实词的语义成素部分消失，从而造成自身适用范围的扩大；和谐（harmony）指虚化过程后期为了保持句子某些成分的和谐一致产生的语法化；语境吸收（absorption of context）指虚词将所在的上下文的意义吸收进来。主观化（subjectivity）则是语言为表现这种主观性而采用相应的结构形式或经历相应的演变过程③；交互主观化（inter-subjectivization）指意义演化为说写者在认识意义和社会意义上对听读者自我的关注，并使之编码或外在化。

另外，语法化过程具有单向性，如"实词＞虚词＞附着语素＞屈折词缀"（Hopper & Traugott，1993），或"话语＞句法＞形态＞语素

---

① Hopper, P. J. & Traugott, E. C., *Grammaticalization*, Cambridge：Cambridge University Press, 1993.

② Bybee, J., Perkins, R. & Pagliuca, W., *The Evolution of Grammar*, Chicago：Chicago University Press, 1994.

③ 沈家煊：《语言的"主观性"和"主观化"》，《外语教学与研究》2001 年第 4 期。

音位＞零形式"①，但"解构语法化"②和"去语法化"③理论对单向性提出质疑，认为语法化斜坡有"上行"现象。现在一般认为语法化的单向性是一种强烈的趋势，但少量去语法化现象确实存在。

（二）国外连词及汉语连词演化研究

目前还没有检索到国外连词语法化研究的专著，只在通论著作中发现有少量关于连词语法化的成果。如 Hopper 和 Traugott④ 在第七章"跨小句的语法化"中谈及小句与小句之间连接成分的语法化过程，认为语义上两个小句间的依存关系越密切，语法形式上两个小句间的联系就越紧密，其语法化程度就越高。连词等连接成分是后来语法化之后产生的语法成分，是实词虚化的结果。连词演化具有如下语法化链。

Parataxis（并列结构）＞Hypotaxis（从属结构）＞Subordination（主从关系）

三者的语义特征各不相同，并列结构具有［－依存］、［－嵌入］特征，从属结构具有［＋依存］、［－嵌入］特征，而主从关系具有［＋依存］、［＋嵌入］特征。该书还谈到连词的来源问题，认为句间连接词语的源词有名词、动词、副词、代词、前置词和后置词等，以及由这些成分组成的短语。Heine, B. 和 T. Kuteva 也收录了世界上某些语言的连词演化路径，如介词很容易演变为连词，时间连词容易演化为因果和让步连词，当然该书主要收录的是个体连词的具体演化过

---

① Lehmann, Christian, *Thoughts on Grammaticaliztion*, Second Revised Edition Seminars 2002, für Sprachwissenschafter der Universität Erfurt.
② Frederik J. Newmeyer, "Deconstructing Grammaticalization", *Language Science*, 2001 (23).
③ Muriel Norde, *Degrammticalization*, Oxford: Oxford University Press, 2009.
④ Hopper, P. J. & Traugott, E. C., *Grammaticalization*, Cambridge: Cambridge University Press, 1993, pp. 167–203.

程，对连词语法化的规律讨论较少①。

国外也有少量研究汉语连词语法化的成果，Heine 和 Kuteva（2002）收录了几个汉语连词的演化情况，如"共"的语法化路径为"动词＞副词＞介词＞连词"，"同"由动词演化为伴随介词，伴随介词再演化为连词，"来"由动词演化为目的连词等。此外，Peyraube（1996），和 Liu Jian 与 Peyraube（1994）也讨论了若干汉语连词功能的演变。

二　国内研究概况

汉语词类研究中连词研究是一个相对较薄弱的环节，研究专著较少，多散见于通论著作的章节中或单篇论文中；从地域来看，研究主要集中于国内，国外研究较少。《马氏文通》以前的语言研究是以文字、音韵和训诂为主的小学研究时期，连词研究成果并不多，研究主要集中于虚词专著《语助》、《虚字说》、《助字辨略》和《经传释词》中，这些著作使用了传统的训诂学方法，有一定意义阐释作用。值得一提的是《助字辨略》对这些虚词用法进行了详细的分类，连词被分为"急辞""缓辞""设辞""继事之辞""或然之辞""承上之辞""承上""转下"等②，用到了功能语言学的方法，具有开创和启发意义。上述著作对连词进行了归类，并在语义和功能上进行了某些解释，有一定的借鉴意义，但连词研究还处于萌芽阶段③。下面主要介绍《马氏文通》以后的汉语连词研究情况。

（一）自《马氏文通》到 20 世纪 50 年代的连词研究

这一时期对连词进行了界定和语法功能研究，研究扬弃了萌芽时

---

① Heine, B. & T. Kuteva, *World Lexicon of Grammaticalization*, Cambridge: Cambridge University Press, 2002, p. 4.

② 刘淇著，章锡琛校注：《助字辨略》，中华书局1954年版。

③ 当然，如果从现代语言学角度来看，《马氏文通》以前以训诂为目的的连词研究还不能算是真正的连词研究。

期的以训诂学为主的方法,开始注重词类在句子中的语法作用。《马氏文通》对连词进行了"界说"和用法解释,认为"凡虚字用以为提承展转字句者,统曰连字"①,马氏将"连字"分为提起、承接、转捩和推拓四类。虽然马氏的"连字"分类仍不规范,包括了某些助词和介词,但是,从此汉语连词作为一个词类得到正式的确认。吕叔湘《中国文法要略》(1942)对复句类型和关系进行了细致的归纳和解释,将汉语意义关系分为"离合·向背、异同·高下、同时·先后、释因·纪效、假设·推论、擒纵·衬托"六类。虽然吕叔湘先生主要是从意义表达出发研究意义之间的关系,并非专门研究连词和连接关系,这六类关系的表达还涉及副词和介词,但是由于其中包含了较多的连词和连接关系的经典论述,该书可以作为连词研究的重要文献。王力《中国现代语法》(1943)将连词归入"联结词"里,认为该词主要起联结作用,可以位于词和词或句与句中间。不过王力先生的联结词里还包括了部分助词和介词②。高名凯《汉语语法论》(1957)明确将连词放到"结构虚词"里,提出"与、及、并、和、跟、同"都是从动词变化而来的,还保留了一些动词的意义,这些见解具有一定的历史发展观念。此外,杨树达《词诠》(1928)、裴学海《古书虚字集释》(1932)、杨伯峻《中国文法语文通解》(1936)和吕叔湘《文言虚字》(1944)都是这一时期比较重要的著作。这一时期对连词有了明确的定义和初步的分类,连词被很多人单独列为一个词类。但各家对连词的界定的名称并不统一,有"连字"(马建忠)、"联词"(金兆梓)、"连词"(黎锦熙)、"连接词"(陆志韦)和"关系词"(吕叔湘)等多个名称,分类标准也不一致,很多人没有将连词和介词、副词区分开来,所以可以称该时期为草创时期。

---

① 马建忠:《马氏文通》,商务印书馆 1983 年版。
② 王力先生的"联结词"的概念主要是从联结词和句子的功能角度进行界定的,并非纯粹从句法角度进行的划分。

（二）20 世纪 50—90 年代的连词研究

这一时期连词研究走向深入，出现了连词研究的专著，有些非连词专著或通论性著作对连词研究的篇幅不断增多，专书的连词研究也在这一时期出现，同时出现了大量连词单篇论文，这些成果主要集中于连词界定研究、断代研究和功能用法研究。

谭庸编著的《连接词使用法》是连词研究的第一部专著[①]，该书将连词分为主从和等立连词两类，对连词的范围、构造和作用进行了研究，但该书对于连词和介词、副词的分类并不清楚；郭翼舟的《副词 介词 连词》属于汉语知识讲话语法部分的说明[②]，使用较大篇幅讨论了连词的定义、语法特点、语法功能，采用了结构主义的方法确定连词的功能，认为连词是"用来连接两个词或者比词大的单位以表示它们中间的相互关系的词"，同时对连词和介词的功能进行了区分，指出介词有修饰或补充作用，而连词和它所连接的成分之间并没有修饰或补充作用；邢福义《复句与关系词语》（1985）将连接复句的关联词语分为因果、并列和转折三类，对连接复句的关联词的连接类型、连接关系及关系词语之间的区别进行了较为详细的探讨，尽管该书主要讨论的是连接分句的连词，但也包括了表关联的其他词类。

通论著作有杨伯峻、何乐士《古汉语语法及其发展》（1992）和向熹《简明汉语史》（1993），对部分汉语连词进行了历时描写；专书连词研究有上古连词专书研究如管燮初《殷墟甲骨刻辞的语法研究》（1953）、《西周金文语法研究》（1981），易孟醇《先秦语法》（1989），何乐士《〈左传〉虚词研究》（1990），廖序东《楚辞语法研究》（1995），等等；连词断代研究有柳士镇《魏晋南北朝历史语法》（1992）的中古汉语连词研究、吴福祥《敦煌变文语法研究》（1996）的近代

---

① 谭庸编：《连接词使用法》，上海北新书局 1953 年版。
② 郭翼舟：《副词 介词 连词》，上海教育出版社 1984 年版。

汉语连词研究。这一时期对连词的界定和分类主要出现在教材中，但分歧不大，胡裕树和黄伯荣、廖序东《现代汉语》都认为连词起连接作用，将连词分为联合和偏正两大类。邵敬敏《现代汉语通论》则根据连词连接的单位将连词分为只连接词和短语、只连接分句和句子、两者都能连接三类。这一时期还有大量包括连词研究的虚词词典出版，如徐中舒《甲骨文字典》（1989）、张玉金《甲骨文虚词词典》（1994）、中国社会科学院语言研究所古代汉语研究室编《古代汉语虚词词典》（1999）等。但是这些通论著作、专书研究和虚词词典囿于其编写体例和目的限制，未能对连词进行深入详尽研究。

单篇论文主要讨论连词划分标准、和其他连词的关系及连词的个案研究。讨论区分介词与连词的如汤廷池《国语语法研究论集》（1979）专门谈到了《"跟"的介词与连词用法》，根据句法位置、搭配词语和语气的不同区分了介词和连词；类似的文章还有沈锡伦《从"和"字看介词和连词的区别》（1987）。讨论区分副词与连词的有黄盛璋《论连词跟副词的划分》（1957）、吕叔湘《汉语语法分析问题》（1979）认为只能出现在主语后的是副词，既能出现在主语前也能出现在主语后的是连词。关注连词功能的如陆俭明《汉语中表示主从关系的连词》（1983）、宋玉柱《再谈关联词语在单句成分间的连接作用——从"却"字连接主、谓谈起》（1990）等。

（三）20世纪90年代至今的连词研究

这一时期连词研究全面走向深入，出现了多部连词研究专著和大量论文，研究的重点转向了连词演变的过程、机制和动因研究，主要使用了语法化、认知功能和语言类型学理论，下面分别论述。这一时期的连词专著有研究断代连词和现代汉语连词的专著。断代连词研究专著有袁雪梅《中古汉语的关联词语：以鸠摩罗什译经为考察基点》[①]

[①] 袁雪梅：《中古汉语的关联词语：以鸠摩罗什译经为考察基点》，人民出版社2010年版。

和席嘉《近代汉语连词》①。前者是第一部中古汉语连词研究专著，它以鸠摩罗什译经为语料，全面考察了中古时期鸠摩罗什译经连词的结构类型和用法，较全面地展现了中古时期汉译佛经连词的基本面貌；后者是第一部描写和分析近代汉语连词基本面貌的专著，该书对近代汉语连词的产生、发展和使用情况的描写比较完整、系统，并且初步探讨了连词语法化和词汇化的机制和特点，在近代汉语连词研究方面具有开创价值。现代汉语连词研究专著有邢福义《汉语复句研究》②、周刚《连词与相关问题》③ 等。前者采用了因果、并列和转折的复句三分系统，从复句功能出发研究了连词在复句中的连接功能研究；后者是一部较全面的研究连词的专著，内容涉及连词的共时、历时和比较研究，以连词共时研究为主，开创了全面研究连词的先例。

单篇论文研究有连词界定、功能、语法化、演化及演化机制研究。连词的界定研究如储诚志《连词与介词的区分——以"跟"为例》(1991)、张谊生《交互类短语与连介兼类词的分化》(1996)、王大新《一次只能应用一个标准——也论连词、介词的划分》(1998)，连词的功能研究如薛凤生《试论连词"而"字的语意与语法功能》(1991)、蔡镜浩《中古汉语的连词"被"》(1995)、薛健《试析连词"与"的分界功能》(2002)，连词的语法化、演变及其动因机制研究如段德森《副词转化为连词浅说》(1991)、李杰群《连词"则"的起源和发展》(2001)、金国泰《〈连词"则"的起源和发展〉商榷》(2003)、曹炜《近代汉语并列连词"并"的产生、发展和消亡》(2003)、刘利《上古汉语的双音节连词"然而"》(2005)、邢福义和姚双云《连词"为此"论说》(2007)、徐朝红《中古汉语并列连词"并"的发展演

---

① 席嘉：《近代汉语连词》，中国社会科学出版社2010年版。
② 邢福义：《汉语复句研究》，商务印书馆2001年版。
③ 周刚：《连词与相关问题》，安徽教育出版社2002年版。

变》(2007)、赵长才《中古汉语选择连词"为"的来源及演变过程》(2011)、王天佑《连词"与其"词汇化的过程及动因》(2011)等。随着对连词研究认识的深入,这一时期还出现了对连词整体或某一类连词规律总结的论文,如李英哲和卢卓群《汉语连词发展过程中的若干特点》(1997)、马清华《并列连词的语法化轨迹及其普遍性》(2003)、古川裕《关于"要"类词的认知解释——论"要"由动词到连词的语法化途径》(2006)、石毓智《判断词"是"构成连词的概念基础》(2005)、曹秀玲《"否则"类连词的语法化梯度及其表现》(2009)、史金生和孙慧妍《"但(是)"类转折连词的内部差异及其形成机制》(2010)、席嘉《"除"类连词及相关句式的历时考察》(2010)。有学者采用类型学理论研究连词,进一步扩大了连词研究的视野,如吴福祥《汉语伴随介词语法化的类型学研究——兼论SVO型语言中伴随介词的两种演化模式》(2003)。

连词研究历经百余年,由萌芽时期以训诂为主的词义研究,过渡到草创时期的对连词的界定、分类研究,经过发展时期的断代、专书和个案研究,形成了繁荣时期以探讨连词的起源、语法功能、语法化过程和机制为主,同时向认知探索及向类型学研究扩展的全面发展时期。相对于其他词类来说,连词意义更空虚,语法功能较复杂,它能连接词、短语、句子、复句、句群甚至篇章,表达复杂的逻辑语义关系,所以虽然连词研究的文章绝对数量较多,但相对于汉语其他词类来说,还是存在研究成果数量相对较少、研究不够系统和深入的问题。总的来看,今后连词发展有两个趋势:一是注重连词整体或一类连词的特征研究,在单个连词研究基础上将逐步产生整体或分类连词认知和语法化规律的研究,甚至运用语言类型学理论将汉语连词与其他语言连词进行比较发现汉语连词的特点和连词的一般规律;二是单个连词研究更注重其产生、发展和演化研究,特别是连词语法化和词汇化的机制和特点将成为研究重点。

综上，中古汉语连词具有承上启下的特点。中古汉语继承了上古绝大部分单音节连词，同时产生了大量的双音节连词和部分单音节连词。到近代，很多双音节连词消亡，重新生成了一批新的双音节连词。根据管燮初《殷墟甲骨刻辞的语法研究》①、潘允中《汉语语法史概要》②、向熹《简明汉语史》③和张玉金《甲骨文语法学》④ 的研究，殷商时期的连词数量一般不超过 15 个。而到了周秦时期，连词激增到近百个，连词表示的关联范畴基本形成，一批功能成熟的连词产生，但连词的兼类和通假现象十分普遍；中古时期连词的关联范畴体系基本成熟，双音化格局基本形成，并出现部分三音节连词，大多数双音节连词都形成了较强的复合构词能力（席嘉，2010）；到近代汉语时期，随着表达方式的精密化，又出现了大批新的连词，且连词兼类和通假现象进一步减少，连词的使用日益规范化和多样化，另外连词双音节化趋势更加明显。

汉语连词研究自《马氏文通》以来历经百余年发展，取得了很大成就。初期连词研究主要集中于连词的界定、分类、个案用法研究，发展到后来的连词的语义语法功能、来源、语法化和词汇化过程、演变机制和动因研究，由描写逐步发展到解释研究，通过上述研究，人们大致认清了连词的基本类型，连词和介词、副词等其他词类的区别，各时期主要有哪些连词，以及连词词汇化和语法化过程中的一些规律。特别是最近随着一些连词专著的问世，如席嘉的《近代汉语连词》和袁雪梅的《中古汉语的关联词语——以鸠摩罗什译经为考察基点》，学术界对连词历时发展有了更加系统和深入的认识。

中古汉语连词研究虽然取得了很多成绩，但还有如下问题。首先，

---

① 管燮初：《殷墟甲骨刻辞的语法研究》，中国科学院，1953 年。
② 潘允中：《汉语语法史概要》，中州书画社 1982 年版。
③ 向熹编著：《简明汉语史》（下），高等教育出版社 1993 年版。
④ 张玉金：《甲骨文语法学》，学林出版社 2001 年版。

研究成果较少。中古不比上古和近代，上古汉语连词数量不多，语料容易搜集，可以对连词进行相对穷尽性的研究。近代汉语时间上离现代汉语较近，连词意义相对来说容易把握，而且口语文献较多，加上最近二十年来学术界形成的研究近代汉语的热潮，使得近代汉语连词的研究成果比较丰富。而中古汉语离现代时间较远、中土文献较少、连词数量较多，研究者容易忽视这一时期的连词研究，迄今为止专著不多。其次，研究不够系统。中古汉语连词研究的成果主要出现在单篇论文和通论性专著及虚词词典中，对于中古汉语的总体情况较少涉及，如中古汉语连词有多少？各个类型之间有何联系？中古汉语连词与上古和近代相比有何特点？中古汉语连词在整个汉语史连词系统中处于何种地位？出现在汉译佛经和本土文献中的连词各有什么特点？再次，研究不够深入。研究者主要关注中古汉语连词的功能及其产生与发展演变情况，但是，有些问题讨论较少，如中古汉语连词主要由哪些词演变而来？它们为什么会产生？其发展演变受何种机制支配？为什么有的连词沿用至今而有的很快消亡？有些连词为什么会双音节化？我们希望通过本书的研究，部分解决上述问题。

第三节　研究意义及语料说明

一　研究意义

连词数量相对封闭，虚化程度高，更新较频繁，是汉语语法化的典型样本。以语法化理论为指导，研究中古汉语联合关系连词的历时演变，能推进汉语词汇史、语法史和语言理论的相关研究。本书研究的意义表现在：首先，梳理汉语连词系统的发展，描写各时期连词产生、发展、消失和更替情况，梳理中古汉语联合关系连词的发展概况，文章将在充分统计语料基础上确定中古汉语联合关系连词的演化情况；

19

其次，描写中古连词的句法功能、语义表现和语用环境，概括汉语连词的使用情况；最后，以语法化理论为指导，研究中古汉语联合关系连词的语法化过程，推进汉语连词演变研究。关于中古汉语联合关系连词还没有专门的著作问世，讨论的文章比较零散，还不成系统，本书以中古汉语的联合关系连词为研究对象，希望能系统地描写其基本面貌并解释其产生机制，从而解决上述问题。

二 语料说明

中古时期的语言跟上古时期相比发生了较大变化，语料的搜集整理工作也比较复杂，正如刘坚先生在《中古汉语读本·序》中所说："中古汉语虽然还不是纯粹的口语，但是比之汉魏以后文人刻意模仿先秦的语言规范而形成的脱离口语的'文言'，其面貌已有很大不同。我们要了解这一时期汉语的真实面貌，只能到这一类文献里去找寻。这一类文献大多不见于高文典册，而且往往很零碎，需要做一番旁搜博采、披沙拣金的艰苦工作。"为了较全面地反映中古汉语的真实面貌，为论文论据打好基础，我们将语料分为汉译佛经、史书、小说、杂著四类，分别选取有代表性的文献作为主要语料来源，下面对各类语料略作说明。

佛教自东汉末年传入中土以后，经历代名僧信士的传译，形成了960部，2990卷，约2400万字的佛经宝藏[①]，相对于中土文献来说，汉译佛经能够比较真实地反映当时口语的基本面貌。"由于多种原因（诸如为了便于传教、译师汉语水平不高、笔受者便于记录等），东汉以至隋代间为数众多的翻译佛经，其口语成分较之同时代中土固有文献要大得多，并对当时乃至后世的语言及文学创作产生了巨大的影响。

---

① 朱庆之：《佛典与中古汉语词汇研究》，台北：文津出版社1992年版，第38页。

是研究汉语史，尤其是汉魏六朝词汇史的宝贵材料，应该引起我们的充分注意。"①中古汉译佛经弥补了中土文献口语材料的不足，在中古语料中占有重要地位，我们选取了13部译者明确、口语性强的佛经作为主要来源语料，分别是：《修行本起经》（东汉 竺大力共康孟详）、《杂譬喻经》（东汉 支娄迦谶）、《中本起经》（东汉 昙果共康孟详）、《六度集经》（东吴 康僧会）、《菩萨本缘经》（东吴 支谦）、《撰集百缘经》（东吴 支谦）、《生经》（西晋 竺法护）、《太子须大拏经》（西秦 圣坚）、《长阿含经》（后秦 佛陀耶舍共竺佛念）、《百喻经》（萧齐 求那毗地）、《贤愚经》（北魏 慧觉等）、《杂宝藏经》（北魏 吉迦夜共昙曜）、《佛本行集经》（隋 阇那崛多）。上述文献大致涵盖了中古各时期，包含汉译佛经的一些主要译者，文献多选自口语性较强的律藏，特别是本缘部的文献占较大比例。

汉承秦火，古籍毁于战火者众，加之从汉至隋战火连绵、民众流离失所，社会动荡，古籍散佚、损毁者不计其数，而数量庞大、语料真实的史书因其正史地位得以保存，史书虽语言典雅有仿古倾向，但其中不乏律令、奏疏、信札及人物对白，保存了大量较真实的口语语料。我们选取了五部作者为中古时期的史书，分别是：《三国志》（晋陈寿，刘宋裴松之注）、《后汉书》（刘宋 范晔）、《宋书》（梁 沈约）、《南齐书》（梁 萧子显）、《魏书》（北齐 魏收）。其中《后汉书》和《三国志》的作者撰述时代和成书年代不同，但都为中古时期。

两汉以降志怪小说和轶事小说蜂起，它们虽用文言写成，但"其中大部分作品的语言风格与同时期其他文言作品颇有不同：叙事接近口语，对话中记录的口语成分更多，比较能反映出这个时期的词汇和语法面貌"②。本书主要选取四部小说，分别是《搜神记》（东晋 干宝）、

---

① 方一新、王云路编著：《中古汉语读本》，吉林教育出版社1993年版，第1页。
② 江蓝生：《魏晋南北朝小说词语汇释》，语文出版社1988年版，第3页。

《古小说钩沉》（鲁迅辑录）①、《世说新语》（宋 刘义庆）、《殷芸小说》（梁 殷芸）。

杂著类语料主要选取了《论衡》《太平经》《抱朴子》《齐民要术》《水经注》《颜氏家训》六部文献。哲学著作《论衡》为东汉王充所作，现存文章85篇，内容"通俗浅白，集以俗语"②，能够较真实地反映当时的语言面貌。道教文献《太平经》虽然非一时一地之作，作者及成书年代还不是十分清晰，经王明、俞理明等先生的整理，总体来看基本保存了东汉时期著作的大致面貌，该书用语不避俚俗，完全可以用作中古早期的语料。道教和儒家文献《抱朴子》为东晋葛洪所作，大致"言神仙方药、鬼怪变化、养生延年、禳邪却祸之事"（《抱朴子·外篇·自叙》），但其语言"保留了较多的两晋口语词，值得重视"③。农学著作《齐民要术》为北魏高阳太守贾思勰所作，是保存较完整的最早的综合性农学著作，其卷前《杂说》部分为伪作已得到学界（如柳士镇④、汪维辉⑤）证实，其他部分完全可以作为中古语料使用。其写作目的在于推广农业种植技术，让广大下层劳动人民学会耕作作物，言语自然浅显易懂，汪维辉指出"北魏三书"中《齐民要术》"最贴近口语，而且带有明显的北方方言色彩，是研究南北朝汉语不可多得的宝贵资料"⑥。地理著作《水经注》为北魏地理学家郦道元所作，详细介绍了中国境内一千多条河流，以及与之相关的郡县、

---

① 《古小说钩沉》中辑录两汉至隋代的作品有：《汉武故事》《列异传》《笑林》《玄中记》《裴子语林》《王浮神异记》《甄异传》《孔氏志怪》《杂鬼神志怪》《祖台之志怪》《荀氏灵鬼志》《郭子》《宣验记》《幽明录》《齐谐记》《郭季产集异记》《妒记》《冥祥记》《述异记》《俗说》《小说》《续异记》《录异记》《祥异记》《旌异记》《水饰》。

② 参见《论衡·自纪》。

③ 方一新：《〈抱朴子内篇〉词义琐记》，《浙江大学学报》（人文社会科学版）1999年第4期。

④ 柳士镇：《从语言角度看〈齐民要术〉卷前〈杂说〉非贾氏所作》，载王云路、方一新编著《中古汉语研究》，商务印书馆2004年版，第16—26页。

⑤ 汪维辉：《〈齐民要术〉卷前〈杂说〉非贾氏所作补证》，《古汉语研究》2006年第2期。

⑥ 汪维辉：《试论〈齐民要术〉的语料价值》，《古汉语研究》2004年第4期。

城市、物产、风俗、历史和传说等，文言中掺杂诸多口语成分，具有一定的语言价值。《颜氏家训》为北齐颜之推所作，其目的为"训俗型家""提撕子孙"，虽然篇幅不长，但语言平实，口语成分较多，虽野人女子、走卒儿童，皆能诵其词而知其义耳。

第一章　中古汉语并列连词

第一节　并列连词概述

一　并列连词定义

并列连词是连接具有并列关系语言单位的词，连接的语言单位语法性质相同或相近，语义上相关、相近或相反。并列关系是结构关系系统中最简单、最原始的关系之一，很多其他连词的连接关系由此衍生发展而来。并列连词一般为句内连词，连接句子成分，也有少量连接单句的句间连词。并列连词虽连接句内成分，但在逻辑语义上仍然表达复句的逻辑蕴涵，其关系和意义上仍可以理解为两个命题的合取关系，如"张三和李四来了"，可以理解为"张三来了""李四来了"。

二　基本情况

中古汉语并列连词主要包括如下13个：并、并及、共、合、及、及以、及于、及与、兼、将、且、与、亦。其中单音节连词9个，双音节连词4个。其中部分连词（"合""兼""将""亦"）使用频率不高，本书不予讨论，剩下 9 个连词句法功能如表 1-1 所示。

表 1-1　　　　　　　　中古汉语并列连词的句法功能

连词位于连接项的位置	前置①	
	居中	并、并及、共、及、及以、及于、及与、且、与
	后置	并、并及、及
连接项的句法位置	定位连词②	共、且
	非定位连词	并、并及、及、及于、及以、及与、与
连接项的词类性质	连接体词	共、及于
	连接谓词	且
	两者皆可	并、并及、及、及以、及与、与
连接项的数量	两项连接	且、与
	多项连接	并、并及、共、及、及于、及以、及与
连接的语言单位	句内连接	并、并及、共、及、及于、及以、及与、且、与
	句间连接	
	两者皆可	

表 1-1 显示，中古汉语并列连词在语法功能上具有如下特点。第一，连接项的句法位置不固定。绝大部分并列连词属于非定位连词（共 7 个），这些并列连词所带成分主要充当主语和宾语，少部分为谓语或单独成句，还有极少部分可以位于定语和状语位置。只有"共"和"且"为定位连词，分别充当主语和谓语。第二，以连接体词为主。多数并列连词既能连接体词，也能连接谓词，只有"共""及于"只连接体词，"且"只连接谓词。在连接体词和谓词两者皆可的 6 个连词中，实际上其连接体词的频率远大于谓词，所以并列连词从总体上来看还是

---

① 前置、居中和后置连词主要根据连词和连接项之间的结合关系而言，主要附着于连接前项的为前置连词，没有偏重于附着于前项或后项的为居中连词，主要附着于连接后项的为后置连词。

② 定位或非定位连词指连词附着于句法成分的位置是否固定，分为句内连词和句间连词两种情况：句内连词主要看连词所带连接项充当的句法成分位置是否固定，连词所带连接项只出现在某一句法位置的为定位连词，可以出现在多个句法位置的为非定位连词；句间连词主要根据连词在所附着分句中的句法位置是否固定，只出现在连接前项或后项的为定位连词，连接前项和后项都可以出现的为非定位连词。

以连接体词为主。第三，多数能多项连接。大部分中古汉语并列连词能连接三个及以上连接项，只有"且"和"与"只能连接两个连接项。这可能与其所带连接项的词类性质受限有关，因为"且"只能连接谓词，而"与"多连接体词，二者所带连接项功能受到限制，自然数量也受到一定制约。第四，9个连词均只能连接句内语法成分。

从使用频率来看，使用频率高的连词有"及""并""与"三个，其次为"并及""及以"，使用频率较低的有"共""及于""及与""且"。使用频率高的连词都为单音节连词，使用频率低的都为功能单一的连词，如"共"为定位连词，且只连接体词；"及于"只连接体词；"且"为定位连词，且只连接谓词。

三　来源与演化概况

中古汉语并列连词多为中古以后产生，单音节连词多继承自先秦，这些连词有3个："及""且""与"；中古时期新产生的并列连词多为双音节，这些连词有6个："并""并及""共""及以""及于""及与"。其产生时间、来源及演化过程如表1-2所示。

表1-2　　　　　中古汉语并列连词的来源及演化情况

并列连词	产生时间	来源和演化过程
并	东汉	并（动词：并排、并列）>并（连词：并列）
并及	东汉	并（连词：并列）+及（连词：并列）>并及（连词：并列）
共	三国	共（动词：共同具有或承受）>共（介词：介引偕同对象）>共（连词：并列）
及	先秦	及（动词：追及）>及（动词：伴随）>及（连词：并列）
及以	东汉	及（连词：并列）+以（介词：介引凭借对象）>及以（连词：并列）
及与	东汉	及（连词：并列）+与（介词：介引伴随对象）>及与（连词：并列）

续表

并列连词	产生时间	来源和演化过程
及于	刘宋	及（动词：遭受、涉及等）＋于（介词：介引涉及对象）＞及于（连词：并列）
且	先秦	借用
与	先秦	与（动词：偕同）＞与（介词：介引偕同对象）＞与（连词：并列）

表1-2显示，中古时期并列连词有如下特点：首先，单音节连词多来自先秦，这些单音节词语使用频率高，且语法功能完备，具备全民基础，使用时间较长；其次，从产生时间来看，东汉是并列连词产生最多的朝代，"并""并及""及以""及与"等4个连词均产生于此时，且多为双音节词语；最后，从来源来看，源词为动词的有3个（"并""共""及"），跨层结构有3个（"及以""及与""及于"），同义复合1个（"并及"），借用1个（"且"），名词1个（"且"），其中源词为动词的最多，除了"并""共""及"直接来自动词，与动词相关的还有"及以""及与""及于"，这些动词有共同的语义范畴，即具有［＋偕同］或［＋接触］义。

第二节 使用情况

一 "并"类连词

（一）并

并列连词"并"在东汉萌芽，东晋以后大量出现，主要出现于汉译佛经中，中土文献的"并"主要用作动词（"合并、并排、并吞"义）和副词（"一起、都"义），少量作并列连词。其分布情况如表1-3所示。

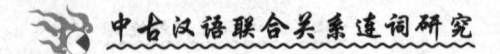

表1-3　　　　　　　　　"并"的分布情况　　　　　　　　单位：例

《论衡》	《太平经》	《三国志》	《抱朴子》	《后汉书》	《魏书》
0	0	0	0	2	1
《杂譬喻经》	《六度集经》	《长阿含经》	《百喻经》	《贤愚经》	《佛本行集经》
1	13	13	3	16	54

由表1-3可以看到，并列连词"并"主要出现在汉译佛经中，分布较均匀，篇幅较长的文献相对数量较多。

1. 属于非定位连词

"并"所带连接项可以出现在主语、宾语和谓语位置，当连接项为名词性成分时出现在主宾语位置，连接项为动词性成分时出现在谓语位置或单独成句。例如：

(1) 尔时帝释并梵天王，各捉一手，而复难之。(《贤愚经》卷一)

(2) 尔时，频头娑罗大王见佛世尊及诸大众安坐已讫，自手执持种种肴膳饮食之具，施佛及僧并余大众。(《佛本行集经》卷四十四)

(3) 迦罗越便大布施并设高座讫，便有一老翁甚大丑恶。(《杂譬喻经》卷七)

(4) 即设饮食并办洗具，温室暖水，调和适体，苏油浣草，皆悉备有。(《贤愚经》卷九)

前两例"并"所带连接项分别充当主语和宾语，例(3)连接项充当谓语，例(4)则是充当无主句中心成分。

2. 可以连接体词和谓词

"并"以连接名词（短语）为主，少部分连接动词（短语）。例如：

（5）武周川水又东南流，水侧有石祇洹舍并诸窟室，比丘尼所居也。（《水经注》卷十三）

（6）力士知之，请二尊者并五百弟子，安置止宿，供给衣食。（《杂宝藏经》卷八）

（7）譬如有人将欲远行，敕其奴言：尔好守门并看驴索。（《百喻经》卷二）

（8）汝以此物供养父母并恤亲族，自今已后，勿复为贼。（《长阿含经》卷六）

上例中前两例连接名词性成分，后两例连接动词性成分。"并"既可以连接表物名词，如例（5），也可以连接表人名词，如例（6）。"并"连接动词性成分时一般只能作谓语。

3. 连接项具有事理顺序

"并"所带连接项具有一定的顺序，其连接表人名词时一般按照自然或社会顺序排列，一般社会地位高的、重要的人排在前面，如例（1）的"帝释并梵天王"，例（2）的"佛及僧并余大众"。如果连接项是事物或人和事物则按照其重要性排列，例如：

（9）兔王见之，着衣取钵，及鹿皮囊并诸衣服，愁忧不乐，心怀恋恨，不欲令舍。（《生经》卷四）

（10）逢山在广固南三十里，有祠并石人、石鼓。（《水经注》卷二十六）

（11）毗舍离儿，便怀嗔恚，就于象上，低身下向，捉辅相子并其车乘，掷置堑中。（《贤愚经》卷七）

例（9）"钵，及鹿皮囊并诸衣服"前者比后者珍贵，例（10）"祠并石人、石鼓"前者比后者重要，例（11）"辅相子并其车乘"中

29

人比物重要。

4. 可以多项连接

"并"可以连接三项及以上成分，例如：

（12）河北侧岸有二城相对，置北中郎府，徙诸徒隶府户并羽林、虎贲领队防之。(《水经注》卷五)

（13）王大欢喜，即时赐遗名衣上服，象马车乘，园田舍宅，金银宝物，奴婢仆使并所典牛，尽持与之。(《贤愚经》卷九)

（14）诸律昌辈，办致供具，五百车载，用俟供养，将领国人七亿之众并洴沙王，集拘睒弥，观佛六师共捔神力。(《贤愚经》卷二)

（15）日到装驾，辞别趣道，王与群臣并其父母、诸王太子臣民之类，数千万人，送到路次。(《贤愚经》卷八)

（16）彼诸王子，受父教已，各各自将所生之母并姨姊妹、奴婢资财、诸驮乘等，即向北方到雪山下。(《佛本行集经》卷五)

上例连接项少的有三项，多的有六项，可见"并"对连接项数目并无限制。"并"在连接项中的位置不确定，有的位于第一个连接项后，如例（12）、例（14）、例（16）；有的在最后一个连接项前，如例（13）；有的则在连接成分中间，如例（15）。

值得注意的是，"并"有时会附着于连接项后面而非中间，例如：

（17）复有四万步兵壮士，皆悉勇健，各敌于千，并好丈夫，有大筋力，能破怨隙。(《佛本行集经》卷八)

上例"四万步兵壮士"和"并好丈夫"都为"有"的宾语，本应放在一起，但若如此则"皆悉勇健，各敌于千"和"有大筋力，能破怨隙"

意义不能表达完全，所以二者并未放在一起。徐朝红也发现一例，[①] 如：

（18）诸贤善听！汝等乐求菩提者、乐求福德者，日日可往海彼岸，取海此岸牛头栴檀香来，给海济婆罗门，为如来设食，并比丘僧。（《大乘悲分陀利经》卷二）

"并比丘僧"本应连接在"如来"之后，即"并"应该位于"如来"和"比丘僧"之间，形成"为如来并比丘僧设食"，但"并比丘僧"却后置了。徐朝红认为这是汉译佛经四字格文体的需要，我们找到的例子中后置的"并好丈夫"同样是四字格，所以我们同意徐文的看法。

5. 可以与其他连词联合使用

当"并"连接多项成分时，经常与其他连词联合使用。例如：

（19）王见女身端政殊特，欢喜踊跃，不能自胜，即敕严驾，王及夫人、女并女夫，共至佛所。（《贤愚经》卷二）

（20）时断事人，闻是语已，心生欢喜，怜愍其人，脱已衣服璎珞及以鞍马并诸乘具，悉施厨那。（《杂宝藏经》卷三）

（21）由其前世持此一金钱，及一瓶水并此明镜，施众僧故，世世端正，身体金色，容仪晃昱殊妙无比，九十一劫，恒常如是。（《贤愚经》卷五）

（22）我曹不遇，船重沉没，迦良那伽梨并诸贾人，合诸珍宝，尽没大海。（《贤愚经》卷九）

"并"可以和连词"及""合"等联合使用，当"并"和"及"

[①] 徐朝红：《中古汉译佛经连词研究——以本缘部连词为例》，博士学位论文，湖南师范大学，2008年，第23页。

联合使用时，位置在"及"之后，如例（19）、例（20）和例（21）；当它和"合"一起使用时，位于"合"之前，如例（22）。

（二）并及

"并及"由并列连词"并"和并列连词"及"同义复合而成，其分布情况如表1-4所示。

表1-4　　　　　　"并及"的分布情况　　　　　　单位：例

《论衡》	《太平经》	《三国志》	《抱朴子》	《后汉书》	《魏书》
1	1	4	1	4	1
《生经》	《长阿含经》	《百喻经》	《贤愚经》	《杂宝藏经》	《佛本行集经》
1	1	3	1	6	72

"并及"使用频率不如"并"和"及"高，如"并"在《长阿含经》出现13例，《贤愚经》中出现16例，而"并及"则分别只出现了1例。"并及"在中土文献和汉译佛经中都有少量用例，在隋代的《佛本行集经》中出现72例。

1. 属于不定位连词

"并及"连接项可以充当主语、宾语和谓语，其中出现在宾语位置的数量远多于主语和谓语。例如：

（1）信富兰那者，寻取香花并及净水，在大众前发大誓愿。（《撰集百缘经》卷一）

（2）尔时车匿，苦恼忧悲，泪下如雨，手执干陟并及太子缘身璎珞无价宝冠，攀持将入净饭王宫。（《佛本行集经》卷十八）

（3）尔时，释种诸臣百官并及一切迦毗罗城所居人民，其有食禄及不食者，皆从城出，行求太子。（《佛本行集经》卷十七）

（4）但我从此独自向家，圣子眷属必当打我，或复圣子父王净饭并及姨母摩诃波阇波提，必应问我。（《佛本行集经》卷十八）

（5）观我以智慧，致此若干宝，衣食自具足并及布施人。（《生

经》卷三)

例（1）、例（2）的连接项充当宾语，例（3）、例（4）的连接项充当主语，例（5）的连接项充当谓语。

2. 可以连接体词和谓词

"并及"可以连接名词（短语），也可以连接动词（短语），以前者为主。例如：

(6) 又故光禄大夫张缉，无罪而诛，夷其妻子并及母后。(《三国志·魏书》)

(7) 值喦在厕，因杀其妾并及小儿，留书而去。(《后汉书》卷三十一)

(8) 赍吾宝衣并及乘舆，还白大王，我即于此剃除须发，服三法衣，出家修道。(《长阿含经》卷一)

(9) 即以其夜值五百偷贼，盗彼国王五百匹马并及宝物来止树下。(《百喻经》卷二)

(10) 若有力可饵之，亦可作散并及绞其汁作酒，以服散尤佳。(《抱朴子·内篇》卷十一)

"并及"既可以连接表人名词，如例（6）、例（7）；也可连接表物名词，如例（8）、例（9）；"并及"连接动词性成分的用例不多，如例（10）。

3. 可以多项连接

"并及"可以连接三项及以上成分，例如：

(11) 将天水陆所生之花，散太子上并及栴檀、诸妙沉水、多伽罗等天诸末香，自余更有种种杂香，散太子上。(《佛本行集

经》卷十七）

（12）时，净饭王见其太子诸宝璎珞并及伞盖马干陟等，兼复闻于太子所嘱恩慈言语，不觉忽然大叫唱呼，失声大哭。（《佛本行集经》卷十九）

上例"并及"连接多项成分时，它都位于第一个连接项后面，后面由多个连接项组成，如例（12）的"诸宝璎珞并及伞盖马干陟等"，例（11）各连接项较长，"并及"前的连接项为"将天水陆所生之花，散太子上"，"并及"后的连接项为"旃檀、诸妙沉水、多伽罗等天诸末香，自余更有种种杂香，散太子上"。

二 "及"类连词

（一）及

"及"是中古汉语使用频率最高的并列连词，如徐朝红（2008：29）在汉译佛经本缘部中就发现1929例，远高于本缘部中其他并列连词出现的次数。"及"的语法功能比较完备，能出现在多个句法位置，连接多种词类和结构。周生亚发现了"及"可以连接两个或两个以上的名词，也可以连接动词，而且连接项具有主次之分。[①] 事实上"及"的用法十分灵活，具备连词的多种语法功能。

1. 属于非定位连词

"及"所带连接项可以充当主语、谓语、宾语、定语等多种句法成分，其中充当主语和宾语的频率最高。例如：

（1）辛巳，吴汉屠成都，夷述宗族及延岑等。（《后汉书·光

[①] 周生亚：《并列连词"与、及"用法辨析》，《中国语文》1989年第2期。

武帝纪》)

(2) 取仁王尸及首，连之以金薄，其身坐着殿上，三十二年为天子，后乃立其子为王。(《六度集经》卷一)

(3) 今北边诸将及懿所督，皆为僚属。(《三国志·魏书·明帝纪》)

(4) 时尊者阿难及诸众会，闻佛所说，咸增敬仰，欢喜奉行。(《贤愚经》卷三)

上面"及"连接成分前两例位于宾语位置，后两例位于主语位置。"及"连接项在这两个位置出现频率都比较高，徐朝红曾统计中古汉语汉译佛经本缘部"及"连接成分充当句法成分位置的情况，其中作宾语1104例、主语766例，作宾语略多。[①]

"及"连接成分除了作一般动词宾语，还可以出现在介词宾语位置，例如：

(5) 既还，以箱及香置庙中而去，忘取书刀。(《搜神记》卷四)

(6) 司徒袁粲、尚书令刘秉见太祖威权稍盛，虑不自安，与蕴及黄回等相结举事。(《南齐书·本纪·高帝》)

例(5)的"箱及香"和例(6)的"蕴及黄回等"分别充当了介词"以"和"与"的宾语。

"及"所带连接项也充当谓语或单独成句，但其出现频率较作主语和作宾语少，例如：

---

① 徐朝红：《中古汉译佛经连词研究——以本缘部连词为例》，博士学位论文，湖南师范大学，2008年，第30页。

(7) 命司徒、司空持节吊祭护丧，光禄、大鸿胪为副，将作大匠、复土将军营成陵墓，及置百官群吏，车旗服章丧葬礼仪，一如汉氏故事。(《三国志·魏书·明帝纪》)

(8) 沙门梵志离淫怒痴，及教人离。(《生经·佛说闲居经》)

(9) 彼如实无有爱欲，不与彼爱欲相应，亦无瞋恚及杀害之意。(《僧伽罗刹所集经》卷四)

"及"所带连接项在句法位置出现的频率与其所带连接项的词性有关，"及"多连接体词性成分，特别是名词性成分数量最多，连接谓词性成分的情况较少，使其连接结构整体上具备体词性特征，因此其充当的句法成分也以主语和宾语为主。

2. 属于句内连词

"及"的连接功能比较完备，可以连接词、短语。例如：

(10) 王及人民闻其终殁，悉生懊恼，思慕难忍。(《菩萨本缘经·毗罗摩品》)

(11) 谦及谯道福率军二万，出寇江陵。(《宋书·本纪·武帝》)

(12) 羊肉二斤，葱白一合，豉汁及盐，熬令熟，炙之。面当令起。(《齐民要术·饼法》)

(13) 华本因醉，唤家人奉蛇皮及余肉出。(《古小说钩沉·齐谐记》)

(14) 我不用余，欲得王身与我作奴及王夫人为我作婢。(《六度集经》卷一)

例(10)、例(11)的"王及人民""谦及谯道福"为词与词连接，例(12)的"羊肉二斤，葱白一合，豉汁及盐"为短语与词连接，例（13）"蛇皮及余肉"为短语与短语连接，例（14）"王身与我作奴及王夫人为我作婢"为短语与短语连接。虽然例（14）连接的是小句形式，但其连接成分受"欲得"控制，所以仍然可以看成句内连接，而非句间连接。

3. 可以连接体词和谓词

"及"以连接体词为主，连接谓词相对来说较少。当连接项为短语时其功能类型较多，例如：

（15）我向辄持大家言教，请二尊者及五百弟子，今日来食，愿时供办。（《贤愚经》卷四）

（16）夫六畜之物，及龟蛇鱼鳖草木之属，久者神皆凭依，能为妖怪，故谓之"五酉"。（《搜神记》卷十九）

（17）城中每得古器、大鼎，及弓、弩、金之属，知非常人之所处也。（《古小说钩沉·述异记》）

（18）二月上旬及麻菩、杨生种者为上时，三月上旬及清明节、桃始花为中时，四月上旬及枣叶生、桑花落为下时。（《齐民要术·种谷》）

（19）夫为人臣子及弟子为人子，而不从君父师教令，皆应大逆罪，不可复名也。（《太平经》卷四十七）

（20）荀瓖字叔玮，事母孝，好属文及道术，潜栖却粒。（《古小说钩沉·述异记》）

（21）篾以缚船，及以为席，胜竹也。（《齐民要术·藤》）

（22）广记引作光禄遂发衣示之，因以甘刀针肿上，倏忽之间，顿针两脚及膀胱百余下，然不觉痛。（《古小说钩沉·齐谐记》）

上例显示，"及"连接的短语包括偏正短语（如"二尊者及五百弟子""六畜之物,及龟蛇鱼鳖草木之属")、联合短语(如"古器、大鼎,及弓、弩、金")、主谓短语(如"桃始花""枣叶生""桑花落""弟子为人子")、动宾短语(如"为人臣子""属文及道术")、介宾短语(如"以缚船""以为席")等,基本涵盖了绝大多数短语类型,这表明其连接功能极其完备。

"及"连接谓词性的用例不如体词多,连接项为谓词性成分时其结构上常有某些成分的对称或复现,例如:

(23)若蒙所愿,愿赐一子,当以金银校饰天身及以名香涂治神室。(《贤愚经》卷一)

(24)布施之报,十世受福,六天人中,往返十到,犹故不如放人出家及自出家功德为胜。(《贤愚经》卷四)

(25)尔时世尊,晨与阿难,入城乞食。见群小儿于道中戏,各聚地土,用作宫舍及作仓藏财宝五谷。(《贤愚经》卷三)

(26)汝等皆严!当诣瞻婆村、捷荼村、婆梨婆村及诣负弥城。(《长阿含经》卷三)

上例均为对称句式,例(23)"以金银校饰天身及以名香涂治神室"连接项都为介词短语作状语,有"以"的复现;例(24)"放人出家及自出家功德为胜"的"人出家"与"自出家"也属于主谓对称句式,且有"出家"的复现;例(25)"用作宫舍及作仓藏财宝五谷"为动宾对称句式,有"作"的复现;例(26)"诣瞻婆村、捷荼村、婆梨婆村及诣负弥城"为动宾对称句式,有"诣"复现。但是,并非所有连接谓词的例子都有句式对称和成分复现,也有一些例外的例子。

除了基本短语类型,"及"的连接项还包括"所"字结构、"者"字结构和表被动的"为"字结构等,例如:

（27）禹到，于江夏发所经县兵及所从步骑千人乘山举火，权退走。(《三国志·魏书·明帝纪》)

（28）甲寅，诏吏人遭饥乱及为青、徐贼所略为奴婢下妻欲去留者，恣听之。(《后汉书·光武帝纪》)

（29）欲诣刘真长，卿里及同举者咸共哂之。(《古小说钩沉·郭子》)

（30）尔时大王以所爱夫人及儿中胜者供养夜叉，夜叉得已，于高座上众会之中取而食之。(《贤愚经》卷一)

4. 连接项具有事理顺序

"及"对连接项的顺序有比较严格的限制，这种顺序往往体现了人类对事物发展一般规律的认识，一般来说，重要的、地位高者居前，次要的、地位低者居后，例如：

（31）郡国大姓及兵长、群盗处处并起，攻劫在所，害杀长吏。(《后汉书·光武帝纪》)

（32）复有十方诸神妙天皆来集会，礼敬如来及比丘僧。(《长阿含经》第二分大会经)

（33）谢子微见许子政虔及弟绍曰："平舆之渊，有双龙出矣。"(《古小说钩沉·小说》)

上例"郡国大姓"地位高于"兵长"，"兵长"地位高于"群盗"，"如来"地位高于"比丘僧"，"许子政虔"年长于"弟绍"，所以前者置于后者之前。

再看几个例子：

（34）我今此身及诸财宝，虚伪非真，如水中月，如热时炎，

39

不可久保。(《撰集百缘经》卷一)

(35) 淮、海为扬州,荆及衡阳为荆州,荆、河为豫州,华阳、黑水为梁州,黑水、西河为雍州。(《宋书·志第二十五》)

(36) 牧羊之人闻之欢喜,便大与羊及诸财物。(《百喻经·牧羊人喻》)

上例显示,对于自身的重要性来讲"此身"重于"诸财宝",对于大荆州的重要性来说"荆州"重于"衡阳",对于牧羊人来说"羊"比"诸财物"贵重,所以前者置于后者之前。

5. 可以多项连接

多数情况下"及"有两个连接项,但连接三个及以上成分的用例并不少见,例如:

(37) 今子取吾首,金冠及剑为明证,之彼王,所赏重多,可为传世之资。(《六度集经》卷一)

(38) 初,郑甘、王照及卢水胡率其属来降。(《三国志·魏书·文帝纪》)

(39) 今国有众军,并多精勇,宜且罢轻车、骑士、材官、楼船士及军假吏,令还复民伍。(《后汉书·光武帝纪》)

(40) 白净王、无怒王、无怨王、甘露净王及迦维罗卫九亿长者,各从官属,一时来会,为佛作礼,却坐一面。(《修行本起经·现变品》)

(41) 秋八月丙寅,令武威、张掖、酒泉、敦煌及张掖属国,系囚右趾已下任兵者,皆一切勿治其罪,诣军营。(《后汉书·显宗孝明帝纪》)

(42) 其命郡国有谷者,给禀高年、鳏、寡、孤、独及笃癃、无家属贫不能自存者,如《律》。(《后汉书·光武帝纪》)

上例可以看到，"及"连接项有的是三项，如例（37）、例（38）；有的是五项，如例（39）、例（40）和例（41）；最多达到了七项，如例（42）"高年、鳏、寡、孤、独及笃癃、无家属贫不能自存者"，可见"及"的连接项数目并无严格限制。

6. 所处连接项位置不固定

"及"在连接项中的位置并不固定，当出现三个及三个以上连接项时，多数情况下"及"在最后一个连接项的前面，有时在多个连接项的中间，或者位于第一个连接项后面。例如：

（43）王及夫人，群臣婇女，闻是语已，不能自宁，咸悉都集，诣太子宫，谏喻太子。（《贤愚经》卷一）

（44）夏四月乙卯，南巡狩，皇太子及右翊公辅、楚公英、东海公阳、济南公康、东平公苍从，幸颍川，进幸叶、章陵。（《后汉书·光武帝纪》）

（45）于是下太常，将、大夫、博士、议郎、郎官及诸生、诸儒会白虎观。（《后汉书·萧宗孝景帝纪》）

（46）使吴汉率朱祐及廷尉岑彭、执金吾贾复、扬化将军坚镡等十一将军围朱鲔于洛阳。（《后汉书·光武帝纪》）

（47）涵性畏日，不敢仰视，又畏水火及刀兵之属。（《洛阳伽蓝记》卷三）

（48）又取书纸及绳缕之属，投火中，众共视之，见其烧爇了尽。（《搜神记》卷二）

（49）诸官府、郡国、王侯家奴婢姓刘及疲癃羸老，皆上其名，务令实悉。（《后汉书·孝和孝殇帝纪》）

可以看到，虽然"及"的位置不固定，但还是有规律可循的，"及"主要用来区分人或事物的地位高低、重要性和类型：首先，地位高的、重要的连接项与地位低的、次要的连接项用"及"分开；其次，不同类型的连接项用"及"分开。地位高低用"及"隔开的，如例（43）将地位高的"王"与其他人分开；例（44）将地位高的"皇太子"与大臣分开；例（45）"将、大夫、博士、议郎、郎官及诸生、诸儒"等官阶高的人与普通人分开；例（46）将大将军"朱祐"与普通将军分开。类型不同用"及"隔开的，如例（47）、例（48）和例（49）的"水火及刀兵""书纸及绳缕""诸官府、郡国、王侯家奴婢姓刘及疲癃羸老"等。

7. 常与其他连词共现

当多个连接项出现时，可以用多个连接词连接，例如：

（50）如都拘校道文经书，及众贤书文、及众人口中善辞诀事，尽记善者，都合聚之。（《太平经》卷四十一）

（51）王见女身端政殊特，欢喜踊跃，不能自胜，即敕严驾，王及夫人、女并女夫，共至佛所。（《贤愚经》卷二）

（52）终古使所爱奴与八子及诸御婢奸，终古或参与被席，或白昼使裸伏。（《全汉文》卷五十七）

能和连词"及"连用的连词主要有"及"本身、"并"和"与"，"及"连用的例子如例（50）"及众贤书文、及众人口中善辞诀事"。"及"和"并"连用时，二者位置可前可后，没有限制，如例（51）"王及夫人、女并女夫"是"……及……并……"格式。"及"和"与"连用时，只有"……与……及……"格式，如例（52）的"所爱奴与八子及诸御婢奸"。

（二）及以

"及以"由连词"及"和"以"复合而成，其使用分布情况如表1-5所示。

表 1–5　　　　　　　　"及以"的分布情况　　　　　　　单位：例

《撰集百缘经》	《菩萨本缘经》	《生经》	《贤愚经》	《杂宝藏经》	《佛本行集经》
28	2	1	3	15	91
《论衡》	《太平经》	《三国志》	《抱朴子》	《后汉书》	《魏书》
1	4	2	0	0	0

从表1–5可以看到，"及以"在汉译佛经中出现的数量明显高于中土文献，中土文献中篇幅较长的文献如《抱朴子》《后汉书》和《魏书》中都没有发现用例，说明中古后期"及以"在中土文献中基本消失，但它在汉译佛经中的用例却仍然较高，如《佛本行集经》中用例高达91例。

1. 属于非定位连词

"及以"所带连接项可以作主语、谓语、宾语和定语，其中在宾语位置出现频率最高。例如：

（1）时彼释种九万九千及以内外诸眷属等，悉亦闷绝宛转于地，悲号啼哭涕泪交流，烦冤懊恼而受大苦。（《佛本行集经》卷五十二）

（2）以冰寒时，水灌奴婢及以余人。（《贤愚经》卷一）

（3）我今当还报佛之恩及以须达。（《撰集百缘经》卷六）

例（1）"彼释种九万九千及以内外诸眷属等"作主语，例（2）"奴婢及以余人"作宾语，例（3）"佛之恩及以须达"作宾语。"及以"所带连接项作主语、谓语的数量较少，作定语更是少见。

"及以"所带连接项除了作一般动词宾语，还能作介词宾语，例如：

（4）若与难陀，则为悉达及以提婆作于嫌隙。（《佛本行集

43

经》卷十三)

(5) 尔时,输头檀王及诸释种,一切眷属,即将王位及以天冠,付与释童婆提唎迦,而灌顶之。(《佛本行集经》卷五十八)

2. 可以连接体词和谓词

"及以"既可以连接体词性成分,也能连接谓词性成分,以体词性成分为主。前面几例皆为"及以"连接体词性成分的例子,这里再举一些谓词性的例子如:

(6) 我有一论,名为毗陀,乃是往昔诸仙所说,一切外道婆罗门等,未曾知闻,况复得见及以教他?(《佛本行集经》卷三)

(7) 今者乃有如是自然供养及以渡水。(《撰集百缘经》卷二)

(8) 五谷丰熟,人民安乐,无诸恐怖及以艰难。(《佛本行集经》卷四)

(9) 当于彼时,无一众生而生欲心,无复嗔恚及以愚痴,无慢无怖,无一众生造恶业者。(《佛本行集经》卷八)

上面前两例为连接动词性成分的例子:例(6)"得见及以教他",例(7)"自然供养及以渡水";后两例为连接形容词性成分的例子:例(8)"恐怖及以艰难",例(9)"嗔恚及以愚痴"。

值得注意的是,"及以"连接谓词时还可以连接肯定和否定并列结构,形成"A及以不A"格式,例如:

(10) 或有释子,跳过二马,骑第三马,乃至射着及以不着。(《佛本行集经》卷十三)

3. 可以多项连接

"及以"的连接项一般为两项,有少数例子为多项连接,此时"及以"一般位于最后一个连接项前面,例如:

(11) 彼阁道上,悉有却敌,而彼却敌严饰可喜,七宝所成,黄金、白银、砗磲、玛瑙、珊瑚、琥珀及以琉璃。(《佛本行集经》卷二)

(12) 象伎马伎及以车伎,弓射之术,俯仰容仪,搦力出壮,按摩等伎,超梁赌走。(《佛本行集经》卷五十八)

4. 连接项语义类型丰富

"及以"的连接项语义类型十分丰富,既可以是人、事物,也可以是性质和动作,这和"及"的功能有些类似。

5. 多连接双音节词语

当"及以"后面连接项为词时,它多连接双音节词语,上面例子大都如此。

(三) 及于

连词"及于"用例较少,多见于汉译佛经,中土文献极少,即使是汉译佛经中的用例也不多,我们找到的少量用例分布如表1-6所示。

表1-6　　　　　"及于"的分布情况　　　　　单位:例

《后汉书》	《贤愚经》	《魏书》	《佛本行集经》
1	6	1	5

"及于"不仅出现频率低,而且语法功能也受到诸多限制,例如:

(1) 由其彼日供养如来及于众僧,敬心欢喜,今值佛世,出家受记,合国钦仰。(《贤愚经》卷十)

（2）豪姓又问："用金何为?"答曰："欲用饭佛及于圣僧。"（《贤愚经》卷一）

（3）而此天者，非但今日请佛及僧，尸弃佛时亦来世间，供养世尊及于众僧，乃至迦叶佛时，亦复如是。（《贤愚经》卷九）

（4）尔时阿难及于大众，不知其缘。（《贤愚经》卷十）

（5）超召将校及于寰王议曰："今兵少不敌，其计莫若各散去。于寰从是而东，长史亦于此西归，可须夜鼓声而发。"（《后汉书·班梁列传》）

（6）愚见如允，乞遣大使往凉州、敦煌及于西海。（《魏书·列传·崔休 裴延俊 袁翻》）

（7）我以如是善因缘故，无量世中，生梵天上及于帝释、转轮圣王。（《佛本行集经》卷五）

（8）假使祭祀一切诸天及于火神，杀害众生，得彼常乐定果报者，犹尚不可杀害于命而用祭祀。（《佛本行集经》卷二十四）

由上例可以看到，"及于"属于非定位连词，其所带连接项可以充当主语和宾语；其所带连接项限于体词性成分，一般为表人名词，少量为事物和处所名词；既可以连接两项成分，也可以连接三项成分，当它连接三项成分时，"及于"可以位于前两个连接项中间，如例（7），也可以位于后两个连接项中间，如例（6）。同样，当"及于"后面连接项为词时，它多连接双音节词语，上面例子大都如此。

（四）及与

"及与"是连词"及"和"与"复合而成的双音节连词，使用频率不高，主要见于汉译佛经。其分布情况如表1-7所示。

表1-7　　　　　　"及与"的分布情况　　　　　　　　单位：例

《撰集百缘经》	《太平经》	《长阿含经》	《古小说钩沉》	《贤愚经》	《杂宝藏经》
1	1	7	1	6	5

"及与"在中土文献中极少出现,只有《太平经》和《古小说钩沉》中各出现1例,即使是汉译佛经中的用例也不多。

1. 属于不定位连词

"及与"所带连接项主要充当主语和宾语,而且其充当的句法位置与来源文献时间有直接关系,北魏以前的《撰集百缘经》《太平经》《古小说钩沉》和《长阿含经》的用例一般充当宾语,北魏时期的《贤愚经》和《杂宝藏经》的例子一般充当主语。例如:

(1)我种何罪,为夫所憎,恒见幽闭处在暗室,不睹日月及与诸人?(《撰集百缘经》卷八)

(2)二尽形寿不饮酒食肉,而不食饭及与妙面。(《长阿含经》卷十一)

(3)尔时阿难,及与大众,闻佛所说,遵修善行,敬重佛教,欢喜信受,顶戴奉行。(《贤愚经》卷五)

(4)汝父大王,及与五兄,悉为他杀,次来到汝。(《杂宝藏经》卷一)

2. 可以连接体词和谓词

"及与"多连接体词,一般为表人名词,还有部分事物名词,例如:

(5)后世无子,传书圣贤及与道士,无主无名,付能用者。(《太平经》卷五十五)

(6)于时如来,及与众僧,从王舍城,往毗舍离。(《贤愚经》卷三)

(7)除去皮肉外诸不净,唯观白骨及与牙齿,是为二见定。(《长阿含经》卷十二)

(8) 以此树叶触人身者，所有毒气，及与热病，悉皆得除。（《杂宝藏经》卷七）

(9) 妇追忆夫，愁忧苦恼，以追忆故，修治浮图及与僧坊，如夫在时。（《杂宝藏经》卷四）

"及与"连接谓词的例子不多，我们搜到21个用例，只有2例连接谓词，都出现于《长阿含经》中，例如：

(10) 何故呵止生、诵及与端正，谓为无用？（《长阿含经》卷十五）

(11) 转轮圣王若住、若坐及与卧时，国内臣民尽来王所。（《长阿含经》卷四）

3. 可以多项连接

"及与"很少连接多项成分，我们在《长阿含经》中找到两例，"及与"连接多项成分时都位于最后两个连接项中间。例如：

(12) 我等还城，供办葬具、香花、劫贝、棺椁、香油及与白叠。（《长阿含经》卷四）

(13) 而此善念梵志及其弟子梵摩达随逐如来及比丘僧；而善念梵志以无数方便毁谤佛、法及与众僧。（《长阿含经》卷十三）

4. 多连接双音节词语

当"及与"后面连接项为词时，它多连接双音节词语，上述例子大都如此。

三 共、且、与

(一) 共

连词"共"在先秦时萌芽，六朝时期有少量用例，近代大量流行。中古时期"共"作为并列连词似乎处于伴随介词向并列连词发展阶段，例如《佛本行集经·卷十二》中有这样一例："时净饭王观田作已，共诸童子还入一园。"这里"共"前省略了主语，虽然语义上仍表连接关系，但从句法功能上来看具有介词功能。"共"使用频率不高，汉译佛经的数量明显多于中土文献，汉译佛经主要见于《佛本行集经》，共出现18例。

1. 基本属于定位连词

"共"所带连接项一般充当主语，也有少量出现于宾语位置的情况。出现在主语位置的如：

(1) 忉利天王共诸释众三十三天眷属围绕，在于太子左边而行。(《佛本行集经》卷十七)

(2) 圣子今日此处官内，诸婇女等共相围绕，欢娱受乐，犹如天主欢喜园中，释提桓因，共诸天女，周匝围绕。(《佛本行集经》卷十七)

(3) 尔时，彼等五百弟子螺髻梵志共白优娄频螺迦叶，作如是言。(《佛本行集经》卷四十二)

(4) 时，彼鸟妻共彼鸟王，行欲怀妊。(《佛本行集经》卷五十二)

2. 只连接名词

"共"连接项只限于名词，主要为指人名词，指物名词较少。例如：

(5) 时净饭王共诸释种耆旧长德，于先而至，复有无量无边杂姓男子女人童男童女，皆悉聚集。(《佛本行集经》卷十二)

(6) 我今身心甚大刚，如铁共石无有异。(《佛本行集经》卷十九)

上面前两例"共"连接项为指人名词，例（6）中"共"的连接项"铁"和"石"为指物名词。

3. 可以连接多项成分

"共"可以连接三项及以上成分，连接时常与"并""及"和"及以"联合使用。例如：

(7) 复有一时，其净饭王共多释种诸童子辈，并将太子，出外野游，观看田种。(《佛本行集经》卷十二)

(8) 仁者若称大种姓，嫌我境狭不肯停，我共诸臣及百官，当更吞并令宽广。(《佛本行集经》卷二十三)

(9) 如我今日而得与汝共相养活，喜乐如是，愿梵德王共其父母妻子男女诸眷属辈，及以知亲大臣百官一切辅佐，共相养活，如我今日受斯快乐。(《佛本行集经》卷五十六)

（二）且

并列连词"且"主要用于连接谓词性成分，功能较单一，使用频率不高，中土文献和汉译佛经中分布较均匀，其分布情况如表1-8所示。

表1-8　　　　　　　　"且"的分布情况　　　　　　　　单位：例

《修行本起经》	《论衡》	《太平经》	《六度集经》	《撰集百缘经》	《抱朴子》
3	3	14	5	1	2
《太子须大拏经》	《齐民要术》	《水经注》	《颜氏家训》	《魏书》	《佛本行集经》
1	2	7	1	12	3

1. 属于定位连词

并列连词"且"所带连接项一般单独成句或者充当谓语，以单独成句者居多，例如：

（1）谓雷，天怒；雨者，天喜也。雷起常与雨俱，如论之言，天怒且喜也。（《论衡·雷虚篇》）

（2）唯唯，不敢也，见天师言，且骇且喜。（《太平经》卷五十一）

（3）英勒众奋击，且战且行，为流矢所中，军人莫有知者。（《魏书·景穆十二王》）

（4）时魑去帝十余步，遂且行且作，未至帝所而就。（《魏书·献文六王》）

2. 以连接谓词为主

并列连词"且"可以连接谓词和体词，以前者为主。连接谓词时形容词和动词都可以连接，例如：

（5）太子被震越，柔软鲜且洁，顾视僧伽梨，过佛无差别，于是遂入山。（《修行本起经》卷下）

（6）县西有小山，山上有淳水，既清且浅，其中悉生兰草，绿叶紫茎，芳风藻川，兰馨远馥。（《水经注》卷三十八）

（7）舞女闻已，寻将诸人共相随逐，且歌且舞到竹林中。（《撰集百缘经》卷八）

（8）又吴楚便水，且灌且掠，淮南之地，将非国有。（《魏书·景穆十二王》）

上面例（5）、例（6）连接形容词，例（7）、例（8）连接动词。

51

由于是连接谓词性成分,所以连接项一般充当谓语或单独成句。我们只找到1例连接名词的例子:

(9) 其渠自昆明池南傍山原,东至于河,且田且漕,大以为便。(《水经注》卷十九)

"且田且漕"虽然是名词性成分,但由于是单独成句,似乎被名词动用了,并不是真的连接名词性成分,《汉语大词典》举了《汉书·郊祀志上》中一例连接名词性成分的例子,如:

(10) 汉之圣者,在高祖之孙且曾孙也。

这表明"且"的确能连接名词,只不过中古时期用例较少,比较难发现。

3. 有固定格式

"且"作并列连词有"A 且 B"和"且 A 且 B"两种格式,当其连接形容词时多使用前者,当其连接动词时均使用后者。如例(1)、例(5)和例(6)连接形容词,都使用了"A 且 B",只有例(2)例外;例(3)、例(4)、例(7)、例(8)连接动词,都使用了"且 A 且 B"。另外,当"A"为形容词时有时候也使用"既 A 且 B"格式,如:

(11) 白象宝者,色白绀目,七肢平跱,力过百象,髦尾贯珠,既鲜且洁,口有六牙,牙七宝色。(《修行本起经》卷上)

(12) 太子既圣且仁,润齐二仪天下喜附,犹孩依亲,斯获天下之明图。(《六度集经》卷二)

(13) 彼梵志吾之亲友也,厥女既贤且明,古今任为儿匹,极具宝帛娉礼务好小礼大娉,纳妻之日,案斯敕矣。(《六度集

经》卷五）

（14）至于中路，有一大河，既深且广。（《贤愚经》卷二）

同样是"鲜且洁"，例（11）为"既鲜且洁"，例（5）却是"鲜且洁"，表明这两种形式连接形容词都可以。有时候"且"连接形容词时和连词"或"联合使用，形成"或A且B"结构，如：

（15）梵志所行，其地岑岩，砾石刺棘，身及足跄，其疮毒痛，若睹树果，或苦且辛。（《六度集经》卷二）

4. 表示动作或状态的同时性

格式"（且）A且B"连接形容词时表示事物同时具有"A"和"B"的性质或状态，如例（1）"怒且喜"表示"天"既"怒"又"喜"，两种状态同时发生或同时具备；例（6）"清且浅"表示"淳水"同时具有"清"和"浅"两种性质。

格式"且A且B"连接动词时表示"A"和"B"两种动作同时发生，如例（3）"且战且行"表示一边"战"一边"行"；例（7）"且歌且舞"表示一边"歌"一边"舞"。

5. 多连接单音节词

"且"对连接成分具有音节上的限制，上例可以看到，"且"连接成分一般为单音节词，但我们也检索到一些例外的情况，如：

（16）令一人为大欺于都市中，四面行于市中，大言地且陷成涵水，垂泣且言。（《太平经》卷三十七）

（17）天者养人命，地者养人形，人则大愚蔽且暗，不知重尊其父母，常使天地生凡人，有悔悒悒不解也。（《太平经》卷四十五）

(18) 有溪名鸠对，清澄且美，可浴可饮。(《六度集经》卷七)

(19) 汝等默然且禁声，不须与彼相捔竞，其既解知如是术，应得共我相校量。(《佛本行集经》卷十二)

"且"也可连接双音节和多音节词，但这种例子不多，一般双音节或多音节词置于"且"前，"且"后一般还是单音节词，例(16)"垂泣且言"、例(17)"大愚蔽且暗"、例(18)"清澄且美"皆是如此，只有例(19)"默然且禁声"例外。

(三) 与

中古时期"与"主要用作介词，但用作连词也比较常见，如徐朝红(2008)统计汉译佛经本缘部中"与"作并列连词有265例，作介词有1682例，后者是前者的6倍多。连词"与"分布情况如表1-9所示。

表1-9　　　　　　　　"与"的分布情况

《修行本起经》	《论衡》	《太平经》	《六度集经》	《撰集百缘经》	《抱朴子》
22	226	332	41	17	58
《太子须大拏经》	《齐民要术》	《宋书》	《颜氏家训》	《魏书》	《佛本行集经》
21	98	388	21	575	203

1. 为非定位连词，主要连接体词

"与"所带连接项可以出现在主语、宾语位置，也可单独成句，其中出现于主语位置的用例最多，例如：

(1) 公子与君，出有前后，车有附从，不能空行于涂，明矣。(《论衡·书虚篇》)

(2) 弘与晋世祖同年，居同里，以旧恩屡登显位。(《三国志·魏书》)

(3) 今此梵志与诸眷属，皆获大利，如是具足。(《生经·佛说光华梵志经》)

(4) 王右军与谢太傅共登冶城，谢悠然远想，有高世之志。(《世说新语·言语》)

出现在主语位置的"与"连接项以表人名词为主，如"眷属""晋世祖""淫女""诸眷属""谢太傅"等。不过也有少数例子属于连接项为事物和动作的，如《论衡·逢遇篇》："文与言，尚可暴习。行与能，不可卒成。""与"作连词用时，后面常有总括性副词"俱、共、同"等表示并列义，如例（2）的"同"、例（3）的"皆"、例（4）的"共"。

"与"及其连接项约有不到20%的例子是充当宾语，[①] 作宾语时往往为非表人成分，而且连接成分的性质不限于名词，例如：

(5) 不由我者，谓之何由？由乡里与朝廷也。(《论衡·累害篇》)

(6) 贵富有命（福）禄，不在贤哲与辩慧。(《论衡·命禄篇》)

(7) 当斯之时，桂树焉知泰山之高，渊泉之深？不知有功德与无也。(《世说新语·德行》)

上例分别连接的是处所名词、性质形容词和动词词组，语义类型上分别为处所、状态和存现。

有少量"与"连接项单独成句的情况，例如：

---

① 徐朝红：《中古汉译佛经连词研究——以本缘部连词为例》，博士学位论文，湖南师范大学，2008年，第40页。

(8) 故夫临事知愚，操行清浊，性与才也；仕宦贵贱，治产贫富，命与时也。(《论衡·命禄篇》)

(9) 长大而能勤学者，惟吾与袁伯业耳。(《三国志·魏书·武帝纪》)

上例"与"连接项有一个共同特点，即都用于表判断的名词判断句中，可见"与"连接项作谓语是一种比较特殊少见的用法。

2. 能连接肯定和否定结构

"与"连接的前后两项可以为肯定、否定选项，形成"A+与+非（不）+A"格式。例如：

(10) 由此言之，人受气命于天，卒与不卒，同也。(《论衡·气受篇》)

(11) 五帝之世非皆智，三季之末非皆愚，用与不用，知与不知也。(《三国志·魏书·任城陈萧王传》)

(12) 受成就戒，不问本末，何所从来？父、母姓字，善、恶、好、丑？识与不识？(《生经·佛说那赖经》)

(13) 诸天、龙神、干沓和、阿须伦、迦楼罗、真陀罗、摩休勒，人与非人靡不来到，会于佛所，稽首足下，迁住一面。(《生经·佛说光华梵志经》)

(14) 凡物须时，时未及到，强设功力返得苦恼，以是之故世人当知时与非时。(《百喻经·蹋长者口喻》)

(15) 酒脯祭与不祭，亦相似。(《齐民要术》卷七)

"A与非（不）A"格式中的"A"一般为动词和名词，数量上前者比后者多。动词主要出现于"A与不A"格式中，如上例（10）、例（11）、例（12）和例（15）的"卒与不卒""用与不用""知与不知""识与不识""祭与不祭";名词主要出现于"A 与非 A"格式中,如例(13)和(14)的"人与非人、时与非时"。

有时"A 与不 A"格式中连接后项的"A"可以省略不出现,形成"A 与不"格式,如:

(16)故得其数者,因以养性,以知时气至与不也。(《太平经》卷五十)

(17)王允之忠正,可谓内省不疚者矣,既无惧于谤,且欲杀邕,当论邕应死与不,岂可虑其谤己而枉戮善人哉!(《三国志·魏书·董二袁刘传》)

(18)见客,先使相者相之,知有反气与不,又筮知吉凶,然后乃见之。(《三国志·魏书·董二袁刘传》)

"A 与不 A"格式简省为"A 与不"格式可能是一个渐进的过程,我们还在《太平经》里发现一些"与"的连接后项半省略的例子,如:

(19)请问音声和,得其意与不得,岂可知邪?(《太平经》卷一百一十五)

(20)是故古圣贤深观天地岁月日人民万物视所兴衰浮平进退,以自知行得与不得,与用洞明之镜自照,形容可异。(《太平经》卷四十二)

例(19)"得其意与不得"只是简省了"其意"而保留了"得",而例(20)"行得与不得"只是省略了"行",保留了"不得"。

3. 可以省略连接后项

"与"作为连词使用时,少数连接后项会出现完全省略的情况,例如：

(21) 不识下马，为作礼时，即与俱还。(《修行本起经·游品观》)

(22) 家当有老青狗物、内中侍御者名益喜，与共为之。(《搜神记》卷三)

(23) 僧意在瓦官寺中，王苟子来，与共语，便使其唱理。(《世说新语·文学》)

(24) 于时张年九岁，顾年七岁，和与俱至寺中，见佛般泥洹像，弟子有泣者，有不泣者。(《世说新语·德行》)

上面例子中"与"连接项后面都有"俱""共"等副词出现，所以我们认为其中的"与"属于连词而非介词。介词悬空现象在中古时期比较常见，但连词悬空现象还是比较少见的。省略连接后项的情况一般只出现在"与"的连接成分作主语时，其他位置还没有见到。相对于"与"作介词来说，"与"作连词省略连接后项的出现频率较低。

4. 连接项可以为短语

"与"的连接项一般为词，我们发现了极少数连接项为短语的例子，暂时还没有发现连接项为句子的情况。例如：

(25) 贫人与富人，俱赍钱百，并为赗礼死哀之家。(《论衡·量知篇》)

(26) 天地所大疾苦，恶人不顺与不孝，何谓也？(《太平经》卷四十五)

(27) 御府大司农出杂缯二万匹，与所卖厩马直，赐公卿以下及贫民不能自存者。(《三国志·魏书·董二袁刘传》)

(28) 汉律所杀殊死之罪，仁所不及也，其余逮死者，可以刑杀。如此，则所刑之与所生足以相贸矣。(《三国志·魏书·桓二陈徐卫卢传》)

(29) 玉夫与其党陈奉伯等二十五人同谋，于毡屋中取千牛刀杀苍梧王。(《南齐书·高帝》)

例(25)连接项为体词性的定中短语，例(26)为谓词性的状中短语，例(27)为主谓短语和定中短语，例(28)为"所"字结构；例(29)则是名词和同位短语的连接。

第三节 来源与演化过程

一 并、共、且、与

(一) 并

1. 动词"并"

《说文·从部》："相从也。从从，开声。"段玉裁注："相从也。从旧作从……经典用为竿。如子子干旄是也。二人持二竿。是人持一竿。并合之意。""并"本义为"并排、并列"，该义在上古时期已经出现，例如：

(1) 阪有漆，隰有栗。既见君子，并坐鼓瑟。今者不乐，逝者其耋。(《诗经·秦风·车邻》)

(2) 辛伯谏曰："并后、匹嫡、两政、耦国，乱之本也。"周公弗从，故及。(《左传·桓公十八年》)

(3) 见一丈夫游之，以为有苦而欲死也。使弟子并流而拯之。数百步而出，被发行歌而游于塘下。(《庄子·达生》)

59

例（1）"并坐鼓瑟"指并排坐着鼓瑟，为连动结构；例（2）"并后"指并列为后；例（3）"并流"指并排游动。动词"并"及其关涉宾语后面多有其他动词性短语，这为其功能的进一步虚化提供了条件。

2. 副词"并"

由于"并排、并列"动作往往会导致事物的合并，所以上古时期"并"产生出动词义"合并、吞并"。由于"并排、并列"的动作具有动作的一致性，往往会导致事物的发展方向趋同，因此产生了副词义"一起、一并""都、皆"。例如：

(4) 皇天弗福，庶民弗助，祸乱并兴，共工用灭。（《国语·周语下》）

(5) 昔我先王熊绎与吕伋、王孙牟、燮父、禽父并事康王，四国皆有分，我独无有。（《左传·昭公十二年》）

(6) 行秋令，则天多沉阴，淫雨早降，兵革并起。（《吕氏春秋·季春纪》）

上例"并"前的主语一般为两个或两个以上的人或事物，如例(4)的"祸乱"，例(5)的"我先王熊绎与吕伋、王孙牟、燮父、禽父"，例(6)的"兵革"。"并"表示主语前的多个人或事物共同发出某一动作或具有某种状态，所以这里的"并"可以理解为"一起、一并"或"都、皆"。

3. 连词"并"

"并"的本义是"并排、并列"义，先秦时期引申出"合并、吞并"动词义，后产生"一起、一并"或"都、皆"的副词义，那么表示并列关系的连词"并"的来源是什么呢？吴福祥《汉语伴随介词语法化的类型学研究——兼论 SVO 型语言中伴随介词的两种演化模式》

认为，汉语伴随动词虚化为并列连词中间一般会经历伴随介词的虚化过渡，即伴随动词→伴随介词→并列连词，① 但是"并"没有相应的伴随介词用法，所以其来源只有可能是其动词和副词义。曹炜②和席嘉都认为来源于动词义，那有没有可能并列连词"并"由其副词义"一起、一并"或"都、皆"虚化而来呢？我们认为不太可能，理由如下：首先，副词"并"在动词前起修饰限制作用，而连词"并"的连接项多为名词，起连接作用，二者功能实在相差太大，副词"并"虚化为连词"并"很难解释副词如何由修饰功能转为连接功能；其次，副词"并"的主语为并列的两个或两个以上的人或事物，而连词"并"的主语没有这一限制，所以连词"并"不大可能由副词虚化而来。

"并"作并列连词用法早在汉代就已经产生，中古时期开始流行，多见于汉译佛经，中土文献并不多见，曹炜在东汉应劭的《汉书》注中找到一例并列连词用法：③

(7) 明帝永平五年，至长安迎取飞廉并铜马，置之西门外，名平乐馆。

徐朝红（2007）在东汉汉译佛经中找到14例，试举二例：

(8) 夜初鼓时，先哀念人民，欲令度脱诸菩萨及学弟子并凡人安隐寂寞行。（《阿閦佛国经》卷上）

(9) 尔时，佛告舍利弗言：汝宁见阿閦佛及诸弟子并佛刹

---

① 吴福祥：《汉语伴随介词语法化的类型学研究——兼论SVO型语言中伴随介词的两种演化模式》，《中国语文》2003年第1期。
② 曹炜：《近代汉语中被忽视的"和"类虚词成员"并"——以〈金瓶梅词话〉中"并"的用法及分布为例》，《古汉语研究》2006年第4期；席嘉：《近代汉语连词》，中国社会科学出版社2010年版。
③ 曹炜：《近代汉语并列连词"并"的产生、发展及其消亡》，《语文研究》2003年第4期。

不？（《阿閦佛国经》卷下）

并列连词"并"最迟在东汉产生，中古时期用例增多，直至明清时期仍然流行，如席嘉（2010：29）统计发现，并列连词"并"在《金瓶梅》中有231例，《红楼梦》中有164例，其出现频率仅次于"和"。

4. 演化路径

连词"并"当由其动词义直接演化而来，但并非由"吞并、合并"义演化而来，理由如下。首先，"吞并、合并"义的施动和受动之间的关系是主动和被动关系，二者之间的地位是不平等的，不可能产生并列关系；而"并排、并列"义则不存在施受关系，二者地位平等。其次，根据词语语法化规律，由A语法化为B往往会经历一个A、B义共存阶段，即A→A/B→B，由"并排、并列"义演化为"和"义，我们可以找到许多这样的动词义和连词义两解的例子，例如：

（10）逢山在广固南三十里，有祠并石人、石鼓。（《水经注》卷二十六）

（11）日到装驾，辞别趣道，王与群臣并其父母、诸王太子臣民之类，数千万人，送到路次。（《贤愚经》卷八）

上例是并列连词"并"的用例，但是如果将其解释为"并排、并列"似乎也能说得过去，如"有祠并石人、石鼓"可以说成"有祠和石人、石鼓并排"，"王与群臣并其父母、诸王太子臣民之类，数千万人，送到路次"可以说成"王和群臣及其父母、诸王太子臣民之类并排，数千万人，送到路次"。反过来，如果将上例的"并"用"吞并、合并"义则很难说得过去了。当动词"并"前后出现其他动词时，动词"并"的核心地位削弱，转移到其他动词上，使其虚化为并列关系连词，如例（10）"有祠并石人、石鼓"中"并"前有动词"有"，例（11）"王与群臣并其父母、诸王太子臣民之类，数千万人，送到路次"中"并"后有动词"送"，这时全句的语义重心也随之移到"并"前后的动词上，"并"本身随之虚化为并列关系连词。席嘉（2010：37）认为并列连词"并"由连动式发展而来，但他认为，这种连动格式为"$V_1 + N_1 + V_2 + N_2$"，其中"并"处于"V_2"位置，即连词"并"由"$V_1 + N_1 + 并 + N_2$"格式发展而来。从我们搜集到的例子来看，动词"并"不一定限于"V_2"位置，当其处于"V_1"位置时同样具备虚化的语法环境，其语义重心同样可以后移而非前移，如例（10）为"并"位于"V_2"位置，而例（11）则是"并"位于"V_1"位置的例子。因此，当动词"并"前后出现其他动词时，"并"都可能虚化为并列关系连词。而早在上古时期"并"就具备这种句法环境了，如例（1）至例（3）即是如此。

至此，我们可以得出如下结论：并列连词"并"由其动词义"并排、并列"义直接演化而来，因为"并排、并列"义表示的动作具有平等关系，其关涉事物之间不存在施受或主动被动关系，使得这一意义容易演化为并列关系连词。当动词"并"前后出现其他动词，且句子语义重心转移时，"并"就由动词慢慢演化为并列关系连词了。因此，"并"的演化路径为：并（动词：并排、并列）>并（连词：并列）。

（二）共

1. 动词"共"

并列连词"共"产生于三国时期，使用频率不高，唐宋时期数量增加，至元时使用频率最高，明清时期逐步消亡。"共"《说文·共部》："同也，从廾廿。凡共之属皆从共。"段玉裁注："从廾廿。廿，二十并也。二十人皆竦手是为同也。"可见"共"最初为动词，由二十人竦手站立的意思延伸出"共同使用""共同具有""共同承受"的意思。例如：

(1) 则不知民之极，无以铨度天下之众寡；不仁，则不能与三军共饥劳之殃；不勇，则不能断疑以发大计。(《国语·吴语》)

(2) 二十船为一队。选奢士有力者三十人共船。(《墨子·备水》)

(3) 三十辐，共一毂，当其无，有车之用。(《老子》第十一章)

例（1）为"共同承受"义，例（2）为"共同使用"义，例（3）为"共同具有"义。动词"共"使用时主语一般为复数性质的人或事物，宾语为主语共同具有、承受或使用的事物，其格式可以归纳为"$NP_1 + 共 + NP_2$"。

2. 副词"共"

动词"共"后面能够连接其他动词，当语义重心转移到"共"后的动词时，"共"的语法功能逐渐转为修饰限制后面动词，意义也演变为"共同、一起、总共"等副词义。例如：

(4) 死与不食者，天下之所共恶也，然而为之者何也？从主之所欲也。(《管子·七主七臣》)

(5) 昔秦常举天下之力以事胡、越，竭天下之财以奉其用，然众不能毕；而以百万之师，为一夫之任，此天下共闻也。(《盐铁论·复古》)

由于副词"共"后面紧接的是动词，而连词"共"只连接名词，所以连词"共"不大可能由副词义演变而来。

3. 介词"共"

动词"共"演变为连词可能经历了介词的虚化阶段，刘坚[1]及向熹[2]

---

[1] 刘坚：《试论"和"字的发展，附论"共"字和"连"字》，《中国语文》1989年第6期。
[2] 向熹编著：《简明汉语史》（下），高等教育出版社1993年版。

均认为六朝时期"共"产生了"同、跟"介词义,起介引名词作用,例如(下面三例转引自刘文):

(6)吾共诸君逾越险阻,转战千里,所在斩获,遂深入敌地,至其城下。(《后汉书·吴汉传》)

(7)过去有人,共多人众坐于屋中。(《百喻经》卷上)

(8)每常心共口敌,性与情竞。(《颜氏家训·序致》)

刘玉红发现早在三国时期的汉译佛经中已经出现"共"的介词用法,[①]例如(下面两例转引自刘玉红,2012):

(9)我今共汝往至于彼,随意角试。(《撰集百缘经》卷二)

(10)时舍利弗闻是语已,而告之言:我于今者,自当共汝入城受请,可得饱满。(《撰集百缘经》卷十)

上面两例"共"前都有状语"今""当"修饰,是典型的介词用法,可见三国时期介词用法已经产生。

4. 连词"共"

连词"共"在三国以后产生发展起来,例如:

(11)时王太子阿阇世共提婆达多,共为阴谋,杀害父王,自立为主。(《撰集百缘经》卷六)

(12)今吴、蜀共帝,鼎足而居,天下摇荡,无所统一,臣等每为陛下惧此危心。(《三国志·魏书》)

---

① 刘玉红:《介词研究二题》,《广东广播电视大学学报》2012年第3期。

例（11）有两个"共"，第一个为连词，连接"王太子阿阇世"和"提婆达多"，第二个为总括副词。从时间上看，介词"共"和连词"共"几乎同时产生，但三国时期介词用法明显多于连词用法。连词"共"可能由介词发展而来，也有可能由动词"共"直接演化而来，一方面，由动词直接演化成连词已有先例，如上文说的"并"即是如此；另一方面，从时间上看，连词和介词几乎同时产生，没有明显的时间过渡。所以"共"究竟由动词直接演化还是经过了介词阶段，还有待于进一步研究。我们倾向于连词"共"的演化经历了介词阶段，主要基于如下两方面的考虑：首先，在连词萌芽的三国时期，介词用法比较成熟，且使用频率较高；其次，大部分伴随动词演化为连词时经历了介词阶段。因此我们倾向于其连词用法由介词用法发展而来。

动词"共"之所以会演化出连词用法，与"共"的"共同承受""共同具有""共同使用"义是分不开的，这一意义使得"共"能连接两个没有主次关系的事物，当"NP_1+共+NP_2"后面出现别的动词时，形成"NP_1+共+NP_2+VP"格式，随着语义重心转移到后面动词"VP"上，前面的"NP_1+共+NP_2"中的"共"便会产生介引功能，并进一步虚化出连接功能。因此，"共"的演化路径为：共（动词：共同具有或承受）＞共（介词：介引偕同对象）＞共（连词：并列）。

（三）且

关于"且"的本义主要有三种观点，一释为"俎几"，二为"祖"，三为男性生殖器。首先来看第一种"俎几"之说。"且"《说文·且部》："荐也。从几，足有二横，一其下地也。"段玉裁注："所以荐也。所以二字今补。"王筠《说文释例》：[①]"且，盖古俎字。借为语词即久，始从半肉定之。"徐中舒《甲骨文字典》：[②]"均象盛肉之

[①] （清）王筠：《说文释例》，中华书局1987年版，第5页。
[②] 徐中舒主编：《甲骨文字典》，四川辞书出版社1989年版，第22页。

俎。本为断木，用作切肉之荐，后世谓之碗俎。"第二种看法认为，"且"为"祖"最初的文字形体。《甲骨文字典》认为："古置肉俎上以祭祀先祖，故称祖为且，后起为俎。"由于古人用肉放在俎上祭祀祖先，所以称祖为且。第三种看法认为"且"是男性生殖器的象形。郭沫若《甲骨文字研究》[①]指出"且"的意义应该是"牡器之象形，故可省为"。不管"且"的本义是"俎几""祖"之初文，还是男性生殖器，连词"且"很难与其本义产生联系，所以我们初步认为虚词"且"为借词。"且"的这种连词用法早在先秦时期就已经产生，《汉语大词典》首引《诗经·小雅·车辖》："虽无德与女，式歌且舞。"

（四）与

《说文·舁部》："党与也。从舁，从与。"考察上古文献，"与"主要有表"给与"义的动词用法以及引出偕同对象的介词用法，例如：

（1）汝万民乃不生生，暨予一人猷同心，先后丕降与汝罪疾。（《尚书·盘庚》）

（2）公祭之地，地坟。与犬，犬毙。与小臣，小臣亦毙。（《左传·僖公三年》）

（3）执子之手，与子偕老。（《诗经·邶风·击鼓》）

（4）郤至见邵桓公，与之语。（《国语·周语》）

上面例（1）、例（2）"与"为动词，例（3）、例（4）为介词。"与"的并列连词用法先秦早期即已产生，《汉语大词典》首引《易·说卦》："立天之道曰阴与阳，立地之道曰柔与刚，立人之道曰仁与义。"中古时期"与"主要用作介词的格局并未改变，如徐朝红（2008）统计汉译佛经本缘部中"与"作并列连词有 265 例，作介词有 1682

---

① 郭沫若：《甲骨文字研究》，科学出版社 1962 年版。

例，后者是前者的6倍多。

关于"与"的连词化，学术界已经有比较一致的看法，即连词"与"经历了"伴随动词→伴随介词→伴随连词"的演化路径（洪波[①]，吴福祥[②]）。其演化过程如下："与"为动词表"参与"义，又由"参与"义引申出"偕同""与……在一起"义，因为动词"与"具有伴随义，所以能出现在"NP_1 + 与 + NP_2 + VP"结构中。由于"与"的宾语"NP_2"也是动作行为"VP"的参与者，所以导致这一结构的重新分析，形成"[NP_1 + [[与 + NP_2] + VP]]"结构，这里"与"弱化为伴随介词，引出 NP_2 的作用。又由于 NP_1 和 NP_2 都是 VP 的参与者，使得介词"与"很容易虚化出连接用法，重新分析形成"[[NP_1 + 与 + NP_2] + VP]"结构，"与"的连词化最终完成。所以，"与"的演化路径为：与（动词：偕同）>与（介词：介引偕同对象）>与（连词：并列）。

二 "及"类连词

（一）及

1. 动词"及"

"及"是中古时期使用最多的并列连词，其功能十分完备。《说文·又部》："及，逮也。从又从人。"段玉裁注："及前人也。""及"本义为"追上、赶上（前面的人）"。甲骨文中的"及"多为此意，如陈永正[③]提到"及"在甲骨卜辞中经常出现在"及方""弗及"等短语中，其中的"及"即是"追及"之意，经常用于征伐之词。这一意

[①] 洪波：《论平行虚化》，载《汉语史研究集刊》（第二辑），巴蜀书社2000年版。
[②] 吴福祥：《汉语伴随介词语法化的类型学研究——兼论SVO型语言中伴随介词的两种演化模式》，《中国语文》2003年第1期。
[③] 陈永正：《西周春秋铜器铭文中的联结词》，《古文字研究》（第十五辑），中华书局1986年版。

义在上古后期仍在使用，但同时开始泛化用于一般和抽象动作或状态了，例如：

(1) 公子遂会晋赵盾、宋华耦、卫孔达、许大夫救郑，不及楚师。(《左传·文公九年》)

(2) 十二月戊午，秦军掩晋上军。赵穿追之，不及。(《左传·文公十二年》)

(3) 惜乎！夫子之说，君子也。驷不及舌。(《论语·颜渊》)

(4) 宁武子邦有道则知，邦无道则愚。其知可及也，其愚不可及也。(《论语·公冶长》)

例（1）和例（2）均用于征伐之词，例（3）则是一般动作，指"一句话说出口四匹马拉的车也追不回"，这里的"及"已经不限于战争了，而例（4）则更是用于抽象状态"知"和"愚"了。

"及"表示"追上、赶上"义。由于意义泛化，其具体动作义抽象化和泛化为"涉及""参与"义，从而由具体动作演化为抽象的关涉动作了，可以表示人或事物之间的关涉关系，例如：

(5) 两军相见之乐也，臣不敢及。(《左传·襄公四年》)
(6) 王室多故，余惧及焉，其何所可以逃死？(《国语·郑语》)
(7) 群居终日，言不及义，好行小惠，难矣哉。(《汉书·苏武传》)

"及"从具体动作义演化为抽象关涉义的主要机制是隐喻，因为具体动作"追及"与抽象的"涉及""参与"义存在相似关系，二者都是从分离到接触过程，只不过一个是空间距离的接触，一个是关系或状态的接触。

2. 介词"及"

"及"的介词化早在上古时期就已经完成,如洪波(2000)和吴福祥(2003)认为早在西周时期"及"就产生了介词用法。由于"及"的意义已经由具体表示追赶的动作,抽象化为表示涉及或参与的动作,使其能够连接关涉的人或事物,当"及"后再出现其他动词时,会形成"及 + NP + VP"结构,整个结构的语义重心转移到后项动词上,"及"的意义进一步虚化出引出人或事物的介引功能,从而产生了"跟、同"义的介词功能。例如:

(8) 九月,及宋人盟于宿。(《公羊传·隐公元年》)

(9) 八月庚申,及齐师战于乾时,我师败绩。(《公羊传·庄公七年》)

(10) 壬申,及郑伯盟,歃如忘。(《左传·隐公七年》)

(11) 公会齐侯于泺,遂及文姜如齐。(《左传·桓公十八年》)

(12) 采葑采菲,无以下体。德音莫违,及尔同死。(《诗经·邶风·谷风》)

上述例子中的"及"前没有出现连接前项,这显然不是连词的典型特征。上例的"及"都起引出动作涉及对象的作用,所以可以认定为介词;有的例子"及"前有副词出现,如例(11)的"遂",这进一步表明上例的"及"是介词而非连词。

3. 连词"及"

上古时期产生了连词"及"用法,例如:

(13) "神之见也,不过其物。若由是观之,不过五年。"王使太宰忌父帅傅氏及祝、史奉牺牲、玉鬯往献焉。(《国语·周语》)

(14)"岂唯寡君与二三臣实受君赐,其周公、太公及百辟神祇实永飨而赖之!"齐人归其玉而予之飨。(《国语·鲁语》)

(15)(传一·四)初,郑武公娶于申,曰武姜,生庄公及共叔段。(《左传·隐公元年》)

(16)六月食郁及薁,七月亨葵及菽,八月剥枣,十月获稻。(《诗经·豳风·七月》)

(17)乃命四监收秩薪柴,以共郊庙及百祀之薪燎。(《礼记·月令》)

上例的"及"当为连词,朱德熙[1]提出了两个区分连词和介词的标准:一是连词连接的前后两项名词能互换;二是介词前可以插入修饰成分。江蓝生[2]认为,这两项标准实质上是用来判定连接的前后两项名词在语义上是否有主从、先后和轻重的区别,如果有区别则是介词,无区别则是连词。上例若从语法标准来看是符合连词特点的。

对于连词"及"的演化路径,学术界有两种看法:(1)伴随动词>伴随介词>伴随连词,如洪波[3]、吴福祥[4];(2)伴随动词>伴随连词,如江蓝生。[5] 我们倾向于江蓝生的看法,即连词"并"直接由动词演化而来,理由如下:首先,"及"的连词用法和介词用法几乎同时产生,武振玉[6]指出,两周金文中就有连词用法,其中西周中期3例,西周晚期2例,春秋时期11例;介词用法有8例,其中西周晚期6例,战国2例,可见"及"的连词用法的产生并不晚于介词用法,

---

[1] 朱德熙:《语法讲义》,商务印书馆1982年版。
[2] 江蓝生:《汉语连—介词的来源及其语法化的路径和类型》,《中国语文》2012年第4期。
[3] 洪波:《论平行虚化》,载《汉语史研究集刊》(第二辑),巴蜀书社2000年版。
[4] 吴福祥:《汉语伴随介词语法化的类型学研究——兼论SVO型语言中伴随介词的两种演化模式》,《中国语文》2003年第1期。
[5] 江蓝生:《汉语连—介词的来源及其语法化的路径和类型》,《中国语文》2012年第4期。
[6] 武振玉:《两周金文中连词"则"的用法研究》,《古籍整理研究学刊》2007年第2期。

甚至可能比之产生更早；其次，"及"的本义为"追赶、追上"，后泛化为"参与、涉及"等抽象关涉动词，这一意义连接的两项人或事物并没有明显的语义轻重之别，"及"后连接的名词是动作天然的参与者，不需要经过语义上有主从、先后、轻重区别的介词环节就可以直接演化为连词；最后，由伴随动词直接演化为连词而不需要经历介词阶段的情况早有先例，如上文中的"并"。因此，"及"的演化路径为：及（动词：追及）＞及（动词：伴随）＞及（连词：并列）。

（二）及以

1. 跨层结构"及（动词）+ 以（介词）"

"及""以"连用最早在战国时期出现，例如：

（1）客卒守主人，及以为守卫，主人亦守客卒。(《墨子·号令》)

（2）屏之四方，唯其所之，不及以政，亦弗故生也。(《礼记·王制》)

（3）公修公族，家修家族，使相连以事，相及以禄，则民相亲矣。(《管子·小匡》)

（4）事急，不及以赏；救火者尽赏之，则国不足以赏于人。(《韩非子·内储说上》)

上例"及""以"二字虽然连用，但显然还是两个独立的词，二者共存于"NP$_1$ + 及 + 以 + VP/NP$_2$"结构中，其中"NP$_1$"为主语，经常承前省略，"及"为谓语动词，为"等到、涉及"意，"以 + VP/NP$_2$"为介宾结构作补语，补充说明"及"的对象或方式。如例（1）的"及以为守卫"，其语法关系为"［及［以［为守卫］］］"，其中的"及"为动词"待、等到"义，"以"为动词；例（2）的"不及以政"，《十三经注疏》释为"不干及以政教之事"，根据这一意义，这一结构的语法结构为"［不［及［以政］］］"，即"不以政及"之意，"及"为动词"涉及"义，"以"为引出宾语的介词；同样，例（3）的"相及以禄"意为"以禄相关联"，语法结构为"［相［及［以禄］］］"，即"以禄相及"；例（4）"不及以赏"语法结构为"［不［及［以赏］］］"。上面四例的"及以"均不在一个句法层次上，二者实际上是一个跨层结构，其语法结构为"［（NP$_1$）+［及+［以+VP/NP$_2$］］］"。其中的"及"为动词，"以"为介词。

2. 跨层结构"及（连词）+以（介词）"

中古时期"及+以+NP"结构中的"及"开始由动词演变为连词，整个结构的功能和意义相应地发生了变化，结构中的"及"起连接前后结构的功能，而"以+NP"则仍然保持其介词结构性质不变，例如：

（5）以德治身何如，及以治万民、致大和之气何如，善而不达，何能安哉？以仁、义治身何如，及治万民何如，善而不达，何能安哉？（《太平经》卷一百五十四）

（6）饮人以水，及以洗疮，或多愈者。于是立馆后宫，下诏称扬，甚见优宠。（《三国志·魏书·明帝纪》）

（7）藤咸以缚船，及以为席，胜竹也。（《齐民要术》卷十）

（8）其后智慧辩才难及，互用摴蒱及以六博书疏通利，远近女人，来共博戏，王后辄胜，无能当者。（《生经·佛说夫妇经》）

（9）若蒙所愿，愿赐一子，当以金银校饰天身，及以名香涂治神室。（《贤愚经》卷一）

上例中"及+以+VP/NP"中的"及+以+NP"结构由于"及"由动词变为连词，介词结构"以+NP"难以单独成句，所以一般"及+以+NP"结构会附加于其他动词结构后面，形成"及+以+

73

NP＋VP"结构。如例（5）"及以治万民"是"和以德治万民"之意，"以"后省略介词宾语"德"，"以（德）"修饰"治万民"；例（6）"及以洗疮"是"和以水洗疮"之意，"以"后省略介词宾语"水"，"以（水）"修饰"洗疮"；例（7）"及以为席"是"和以藤为席"之意，"以"后省略介词宾语"藤"，"以（藤）"修饰"为席"；例（8）"及以六博书疏通利"是"和以六博书疏通利"之意，"以六博书"修饰"疏通利"；例（9）"及以名香涂治神室"是"和以名香涂治神室"之意，"以名香"修饰"涂治神室"。

由上可知，"及＋以＋NP＋VP"结构"及"为连词，"以＋NP"作为介词结构修饰"VP"，所以全句的结构变为"［及＋［［以＋NP］＋VP］］"，其语法重心也由最初的动词"及"后移至"VP"，这时的"及以"仍然处于不同句法结构层次上，还没有融合为一个词。所以，"及以"连用经历了如下变化："及＋以＋NP"的"及"由动词变为连词，且整个结构开始前附在另一动词上起修饰限制作用。这一过程表示如下：

［及＋［以＋NP］］→［及＋［以＋NP＋［VP］］］→［及＋［［以＋NP］＋VP］］

3. 连词"及以"

跨层结构"及（连词）＋以（介词）"在使用中有一个比较明显的特点，就是多用于两个介词结构连用语境中，可以归纳为"以……，及以……"结构，例（5）、例（6）、例（7）和例（9）皆是如此。由于"及以"常用于句首，且常联合使用，所以很容易合并为一个词，"以"受连词"及"的影响同化合并为连词，从而形成连词"及以"，"及以"演化为连词大约在六朝时期，这一时期在汉译佛经中出现了不少连词用例，如：

（10）彼忉利天众，及以天帝释，欢喜转相告，诸天无不闻。

(《长阿含经》卷一)

(11) 凡夫之人亦复如是,闻圣人说法修行诸善,舍此身已可得生天及以解脱。(《百喻经》卷二)

(12) 我有一论,名为毗陀,乃是往昔诸仙所说,一切外道婆罗门等,未曾知闻,况复得见及以教他?(《佛本行集经》卷三)

上例的"及以"和跨层结构"及(连词)+以(介词)"完全不同了,"及以"和后面的动词或名词完全失去了修饰关系,只剩下纯粹的连接关系了。如例(10)的"天帝释"和"欢喜转相告"之间只有间接的主谓关系,"天帝释"只和前面的"彼忉利天众"形成并列关系。同样,例(11)的"解脱"只和"可得生天"形成并列关系,例(12)的"得见"和"教他"形成并列关系。

4. 演化动因

"及""以"之所以能合并为连词,是由"及+以+NP+VP"重新分析而成,由于"以"后的宾语名词经常省略,所以"及+以+NP+VP"结构常表现为"及+以+VP"。"及""以"之所以能合并为一个连词,主要有两个原因:第一,汉语双音节化的影响:"及"作为连词经常连接句子,所以"及+以+VP"结构经常出现在句首,处于句首位置的音节受汉语双音节自然音步的影响,"及"和"以"自然双音节化为"及以";第二,"及+以+NP+VP"结构语义重心的转移:"及+以+NP+VP"结构中"及"和"以+NP"的意义和功能都发生了弱化,"及"由动词演化为连词,功能变为连接作用,而"以+NP"中"NP"经常省略,使得"以"的介引功能被削弱,慢慢"及+以+VP"结构重心移到后面"VP"上,"及"和"以"功能的弱化使其独立表达语法功能的能力被削弱,进而慢慢融合为一个词。这一合并机制主要是省略和重新分析,其过程如下:

[及 + [[以 + (NP)] + VP]] → [及 + [以 + VP]] → [[及 +

以]＋VP]

至此,"及以"完全合并为一个词,而"及以"后面连接的谓词性词或短语在"及以"连词化之后,也开始扩大为可以连接体词性词或短语。因此,"及以"的演化路径为:及(连词:并列)＋以(介词:介引凭借对象)＞及以(连词:并列)。

(三)及与

"及与"连用在先秦晚期才出现,我们在《左传》《楚辞》《盐铁论》《战国策》中均未发现用例,在《史记》中发现几例,例如:

(1) 其没入奴婢,分诸苑养狗马禽兽,及与诸官。(《史记·平准书》)

(2) 汉失亡数千人,合骑侯後骠骑将军期,及与博望侯皆当死,赎为庶人。(《史记·匈奴列传》)

例(1)的"及与"为跨层结构"及(并列连词)＋与(动词)",这可能是"及"和"与"的早期结构关系;例(2)的"及与"后面有"皆"与之呼应,所以这里的"及与"为连词。虽然《史记》中有这一例连词用法,但这种用法在先秦时期还没有发现其他用例,所以其真正的连词化时间还是定在中古时期较为合适。先秦时期的"及与"连用数量不多,还看不出其发展顺序。

中古时期中土文献与汉译佛经中的"及与"出现了明显不同的分布,中土文献中多为跨层结构"及(并列连词)＋与(介词)",汉译佛经中则多为并列连词,中土文献的例子大多出现于史书中,如:

(3) 合丹当于名山之中,无人之地,结伴不过三人,先斋百日,沐浴五香,致加精洁,勿近秽污,及与俗人往来。(《抱朴子·内篇·金丹》)

(4) 孤昔再至寿春，见马日䃅，及与中州士大夫会，语我东方人多才耳，但恨学问不博，语议之间，有所不及耳。(《三国志·吴书·虞翻传》)

(5) 其俗多妖忌，凡二月、五月产子及与父母同月生者，悉杀之。(《后汉书·张奂列传》)

(6) 禧临尽，虽言不次第，犹尚泣涕，追述先旨，然畏迫丧志，不能慷慨有所感激也。及与诸妹公主等诀，言及一二爱妾。(《魏书·列传第九·献文六王》)

下面看汉译佛经中的例子：

(7) 于是，御者即以太子所乘宝车及与衣服还归父王。(《长阿含经》卷一)

(8) 身独自当之，弃捐在地，犹如瓦石，不闻声香味，细滑亦不见，色及与五欲，无所识知。(《生经》卷二)

上例的"及与"为并列连词，例(7)中"及与"起连接"太子所乘宝车"和"衣服"的作用，例(8)连接"色"和"五欲"。

"及与"的语法化机制和"及以"不同，它只连接体词，所以并没有经历省略和重新分析阶段，因为省略和重新分析后只能连接谓词。所以"及与"的连词化可能是在"及"连词化之后，与之组合的"与"受其词义沾染而同化为连词所致。[①] 因此，"及与"的演化路径为：及（连词：并列）+ 与（介词：介引伴随对象）> 及与（连词：并列）。

[①] 词义沾染又称"词义渗透"或"组合同化"，指相邻的两个词组合后，其中一个受另一个词语义的同化作用，产生与之相同的语法功能，关于这一理论可以参见张博(1999：129)。

(四) 及于

1. 跨层结构"及(动词)+于(介词)"

"及于"在上古时期就开始连用，不过"及"和"于"并非一个词，而是处于不同句法层次上的两个词，二者同属于"NP$_1$+及+于+NP$_2$"主谓结构，其中"NP$_1$"为主语，"及"为谓语动词，意为"遭受、涉及、牵连"，"于+NP$_2$"为介宾结构作补语，补充说明遭受、涉及或牵连的对象。例如：

(1) 子盍逃之？不幸，必及于子。(《国语·晋语》)

(2) 见善若避热，乱政而危贤，必逆于众。肆欲于民，而诛虐于下，恐及于身。(《晏子春秋》卷一)

(3) 凡过党。其在家属，及于长家；其在长家，及于什伍之长；其在什伍之长，及于游宗；其在游宗，及于里尉；其在里尉，及于州长；其在州长，及于乡师；其在乡师，及于士师。(《管子·立政》)

(4) 且夫说士之计，皆曰韩亡三川，魏灭晋国，恃韩未穷，而祸及于赵。(《战国策·卷十八》)

例(1)"不幸，必及于子"中"不幸"为主语，"及"为谓语，"于子"为介宾结构，说明遭受"不幸"的对象，后面三例"及于"所在结构意义和功能皆是如此。可见"NP$_1$+及+于+NP$_2$"结构的语法层次为"[NP$_1$+及+[于+NP$_2$]]"，"及于"属于跨层组合。

2. 连词"及于"

中古时期，"NP$_1$+及+于+NP$_2$"结构中的"及于"开始合并为一个词，但这种情况用例不多，且主要出现于汉译佛经中，例如：

(5) 豪姓又问："用金何为？"答曰："欲用饭佛及于圣僧。"

(《贤愚经》卷二)

(6) 尔时阿难,及于大众,不知其缘。(《贤愚经》卷十一)

(7) 身专苦行,食诸妙药及于甘果。(《佛本行集经》卷十九)

上例中的"及于"前后另有谓语动词,"及于"本身主要起连接名词的作用,一般充当句子的主宾语,显然"及于"起到了连词的功能。

和"及以""及与"不同的是,"及于"没有经历"及(连词)+于(介词)"阶段,我们没有发现与这一用法相关的例子,中古时期的"及于"在中土文献中基本还是跨层结构"及(动词)+于(介词)",而在汉译佛经中才出现了连词"及于"。

"及于"之所以能合并为连词主要有如下原因:首先,"及"的连词化。"及"本为动词,但上古时期演变为兼表连接功能的连词,这一变化使得"及"的连接功能增强,从而促进了"及于"的连词化;其次,"及于"所处的句法位置适合演变为连词。主谓结构"NP$_1$+及+于+NP$_2$"中的"及于"位于两个名词之间,这是连词的典型句法位置,当该结构前后出现其他谓语动词时,随着语义重心的转移,"NP$_1$+及+于+NP$_2$"结构功能开始虚化,使其能够向并列结构功能转移;最后,连词"及于"在文献中出现频率极低,且几乎全部出自汉译佛经,"及于"的产生有可能受汉译佛经特殊格式的需要影响,如例(6)中的四字格即是如此,所以"及于"的连词化主要是受"及"的连词化词义沾染的影响,加上汉译佛经四字格需要而产生的。因此,"及于"的演化路径为:及(动词:遭受、涉及等)+于(介词:介引涉及对象)>及于(连词:并列)。

本章小结

本章讨论了中古时期 13 个并列连词中 9 个连词的使用情况及其

演化过程，这9个连词是：并、并及、共、及、及以、及于、及与、且、与。

　　首先来看并列连词的使用情况。"并"的使用频率较高，语法功能完备，其特点是连接项具有事理顺序，且能带较多连接项；"并及"使用频率不高，其功能基本继承了"并"的特点；"共"使用频率不高，只能连接名词，且连接项只能充当主语，语法功能也受到较多限制；"及"使用频率高，且语法功能完备，其连接项能充当多个句法成分，多项连接时位置比较灵活；由"及"构成的三个双音节连词"及以""及于""及与"同"及"的用法基本一致，但使用频率远低于"及"，其中"及以"使用频率稍高，语法功能也更完备，且所带连接项语义较丰富，后两者出现次数不多，多连接表人名词，且"及于"只能连接体词；"且"使用频率不高，但其特点十分鲜明，它只连接谓词，只充当谓语或单独成句，有"且A且B"这种特殊的格式，语义上具有动作或状态的同时性，且只连接单音节词；"与"使用频率高，且功能完备，它能连接肯定和否定结构，可以省略连接后项。

　　其次是并列连词的来源与演化情况。"并"由动词"并排""并列"义产生出了副词"一起""一并""都"义和连词"和"义，我们认为连词义由动词义直接演化而来，并未经历副词义的过渡；"共"的源词为动词，后经历了介词的虚化，最终在三国时期演化为连词；"及"的连词化在学术界有两种看法：一种看法认为其经历了介词阶段，第二种看法认为没有经历介词阶段，综合考虑连词和介词的产生时间以及"及"的语义特点，我们认为"及"是由动词直接演变而来；"及以"由跨层结构通过重新分析演变而来，其中间经过了单个成分"及"的连词化；"及于"和"及与"也由跨层结构而来，同时受汉译佛经四字格需要发展而来；"且"通过分析其本义与其他用法，发现二者之间缺少必要的连词，所以，我们认为，其由借用而来；"与"由"参与"义虚化为关涉介词，最后产生出连词用法。

第二章 中古汉语承接连词

第一节 承接连词概述

一 承接连词定义

承接连词是连接各级语言单位，表达前后成分在时间、空间或逻辑事理上顺序的连词。承接连词的特点是其连接项的语义具有顺序性和平等性，这一特性使其可以区别于其他连词。首先，承接连词的顺序性可以把它和其他联合关系连词区分开来，因为其他三类联合关系连词语义各有侧重，并列连词侧重于语义上的平等性，选择连词侧重于选项的选择性，递进连词侧重于事理关系上的层进性。其次，承接连词语义上的平等性使其可以区别于偏正关系连词，承接连词连接项在语义等级上是平等的，而偏正关系连词的连接项具有偏正之分，正句是句子的正意所在，偏句从属于正句。其中承接连词和因果关系连词容易混淆，因果关系强调事理上原因和结果的必然联系，即结果的产生是由于有原因的存在，或原因必然导致相应的结果；承接连词只是强调事理上的发展、顺序关系，前后项之间没有必然的因果关系。

承接连词包括顺承和转承连词，顺承连词是连接具有时间、空间或逻辑事理上顺序选项的连词，这种顺序与一般认知心理顺序具有一致性；转承连词是承前另外提出一个话题，将说话话题转移到别处的连词。转承同样具有事理上的顺序性，它主要表现在说话者对话题的选择上，说话者是依据自己的认知推理或兴趣、关注点等进行话题转移的，所以也是有顺序的，而非杂乱无序的转移。

二 基本情况

中古汉语承接连词共有20个，分别是：而、而便、而后、而乃；然后、然则；若、若夫、若乃；因、因便、因而、因复、因即；于是；则、则便、则是、则遂；至于。有些连词使用频率很低，所以我们暂时不予讨论，这些连词有5个，分别是：而便、而乃、则便、则是、则遂。本章我们主要讨论如下15个承接连词：而、而后；然后、然则；若、若夫、若乃；因、因便、因而、因复、因即；于是；则；至于。其中顺承连词有11个，分别是：而、而后、然后、然则、因、因便、因而、因复、因即、于是、则。转承连词有4个，分别是：若、若夫、若乃；至于。其语法功能如表2－1所示。

表2－1　　　　　　中古汉语承接连词的语法功能

连词位于连接项的位置	前置	
	居中	而
	后置	而、然后、而后、至于、于是、则、然则、若、若夫、若乃、因、因便、因而、因复、因即
连接项的句法位置	定位连词	而、至于、然则、若、若夫、若乃、因、因便、因而、因复、因即
	非定位连词	然后、而后、于是、则

续表

连接项的词类性质	连接体词	
	连接谓词	而、然后、于是、则、然则 因、因便、因而、因复、因即
	两者皆可	而后、至于、若、若夫、若乃
连接的语言单位	句内连接	
	句间连接	然后、至于、于是、则、然则、若 若夫、若乃、因、因便、因而、因复、因即
	两者皆可	而、而后
连接项的语义侧重	时间先后	而后
	事理相承	然后、于是、则、然则、因、因便、因而、因复、因即
	两者皆可	而
	转承话题	至于、若、若夫、若乃

中古承接连词具有如下特点。首先，顺承连词较多。在 15 个承接连词中有 11 个是顺承连词，转承连词只有"至于""若""若夫""若乃"4 个。其次，连词多侧重于事理相承关系，侧重于时间先后关系的只有"而后"1 个，这种情况符合人类认知发展规律，即人们对事物的认识往往是从具体的空间和时间出发，然后发展出对复杂的性质和关系的认识。再次，连词多为定位连词。由于顺承连词多为句间连词，所以大多数连词多位于句首或主语后位置，有少数连词位于主语前位置。最后，连词多为句间连词。顺承关系多联系具有顺序性的动作或事件，连接项多为谓词，而谓词成句的可能性比较大，所以顺承连词多为句间连词。

三 来源与演化概况

中古汉语承接连词大多继承自先秦时期，双音节连词明显多于单音节连词，单音节连词有 4 个，分别是：而、若、因、则。双音节连词有 16 个，分别是：而便、而后、而乃；然后、然则；若夫、若乃；因便、因而、因复、因即；于是；则便、则是、则遂；至于。我们主要讨论了其中10个连词的来源和演化过程，分别是：而、而后、然后、若、若夫、若乃、因、于是、则、至于。其来源与演化情况如表2-2所示。

表2-2　　　　　　中古汉语承接连词的来源和演化情况

承接连词	产生时间	来源和演化过程
而	先秦	借用
而后	先秦	而（承接连词）+后（时间副词）>而后（承接连词）
然后	先秦	X然，后Y>然后（承接连词）
至于	先秦	至（动词）+于（介词）>至于（承接连词）
于是	先秦	于（介词）+是（代词）>于是（承接连词）
则	先秦	则（动词：划分）>则（名词：法则）>则（动词：效法）>则（承接连词）①
若	先秦	若（假设连词）>若（承接连词）
若夫	先秦	若（承接连词）+夫（助词）>若夫（承接连词）
若乃	先秦	若（承接连词）+乃（承接连词）>若乃（承接连词）
因	先秦	因（名词：茵）>因（动词：因就）>因（副词：就）>因（承接连词）

中古时期承接连词的来源和演化过程有如下特点：首先，继承自先秦时期的连词较多，我们讨论的10个连词都在先秦时期产生；其次，由连词演变为连词的数量较多，如"而后""若""若夫""若乃"都是由连词某小类演化为另一小类或者直接由承接连词和其他词类复合而成；最后，复音节连词来源较复杂，承接连词的来源有跨层结构、介宾结构、同义合并、词类演化和借用，即使同为跨层结构的，其来源有句内跨层结构（如"而后"和"至于"）和句间跨层结构（如"然后"）；同为词类演化的，也有源词为动词（如"则"）、连词（如"若"）和名词（如"因"）三种类型。

---

① "则"的演化路径还有诸多疑点，我们只是暂时采用这一说法，具体内容参看本章第三节的相关讨论。

第二节 使用情况

一 而、而后、然后

(一) 而

"而"作为连词在上古早期即已产生,对于其语法功能学术界尚存在一些争议,因为它连接的前后项之间的关系较多,包括并列、递进、承接、目的、条件、让步、转折、因果等,王力[1]和陈宝勤[2]认为,这些不同的关系是上下文赋予的,而非"而"本身具有这些连接功能,"而"的基本功能是把两种行为或性质连接起来。我们同意二位先生的看法,单个连词不可能有如此多的语法功能,其中承接关系应该是其主要功能,所以我们把"而"界定为承接连词。

和上古时期一样,"而"在中古时期仍是使用频率最高的连词,在中土文献和汉译佛经中出现频率都很高,我们统计了一些文献中"而"的出现频率,见表2-3。

表2-3　　　　　　　　"而"的分布情况　　　　　　单位:例

《论衡》	《太平经》	《三国志》	《抱朴子》	《搜神记》	《后汉书》
1012	896	1611	912	187	1911
《修行本起经》	《中本起经》	《百喻经》	《贤愚经》	《杂宝藏经》	《佛本集行经》
23	41	32	202	199	1044

这些用例虽不都是连词,但是,连词数量占有较大比重,因此,绝对数量也不少。徐朝红[3]曾统计出,汉译佛经中共有4387例连词

---

[1] 王力:《汉语史稿》,中华书局2015年版。
[2] 陈宝勤:《先秦连词"而"语法语义考察》,《古汉语研究》1994年第1期。
[3] 徐朝红:《中古汉译佛经连词研究——以本缘部连词为例》,博士学位论文,湖南师范大学,2008年,第42页。

"而",这种出现频率其他连词很难与之相比。

1. 兼具句内连接和句间连接功能

承接连词"而"的连接项以动词（短语）为主，同时可以连接短语和句子。"而"在上古时期就产生了比较完备的连接功能，词、短语和句子都可以连接，中古时期仍然延续了这一功能，例如：

(1) 佛乃蹈之，即住而笑，口中五色光出，离口七尺，分为两分。(《修行本起经》卷上)

(2) 追之如何？使空室内傍无人，画像随其藏色，与四时气相应，悬之窗光之中而思之。(《太平经》卷十八)

(3) 其足常着七宝之屐，翘足而坐。着屐堕水，而没一只。(《生经》卷一)

上例"而"分别连接词、短语和句子，当"而"连接词时一般为动词，少数情况连接其中一个连接项为形容词的情况，例如："帝闻其声，异而召问之，书生具说所见。"(《古小说钩沉·幽明录》)

当连接项为短语时以动宾短语居多，其次是主谓短语，还有少数偏正短语和连动短语，例如：

(4) 夫治国而国平，治身而身生，非自至也，皆有以致之也。(《抱朴子·内篇》卷十四)

(5) 未有能摇其本而静其末，浊其源而清其流者也。(《齐民要术》卷一)

(6) 同郡人妇死已数年，闻而往见之曰："愿令我一见死人，不恨。"(《古小说钩沉·列异传》)

(7) 良久，乃沐头散发而出，亦不坐，仍据胡床，在中庭晒头，神气傲迈，了无相酬对意。(《世说新语·简傲第二十四》)

(8) 子猷直孰视良久，回语太傅云："亦复竟不异人。"宏大惭而退。(《世说新语·轻诋第二十六》)

连接前项和连接后项的性质可以不同，上例连接前后项的语法性质分别是：例（4）为动宾加主谓，例（5）为动宾加动宾，例（6）为动词加连动，例（7）为连动加动词，例（8）为偏正加动词。

"而"连接短语和句子时有时候难以划分，因为"而"的连接项都是谓词性词或短语，谓词性短语成句能力较强，不容易判断。我们认为判断"而"连接的是词、词组还是句子可以从三方面考虑：一是看"而"连接的前后项主语是否相同；二是看连接前后项音节的数量；三是看停顿时间长短。多数情况下，"而"连接的前后项主语相同，少部分情况是后项主语与前项主语不同，当主语相同时后项主语经常省略，当主语不同时后项主语可能出现也可能不出现。一般当前后项主语相同、音节较短时可以认定为词或词组；当前后项主语相同但音节较长，视停顿情况可以将其看作词、短语或句子皆可；当前后项主语不同且音节较长时可以认定为句子；当前后项主语不同但音节较短时可以视停顿情况将其看作词、短语或句子皆可。

2. 连接项具有时间先后关系

"而"可以连接具有时间先后关系的动作，这是"而"最常见的连接功能，这种类型的例子出现频率较高，例如：

(9) 白净王怖止欢喜，而说偈言。(《修行本起经》卷上)

(10) 有此暴志比丘尼者，弃家远业，而行学道，归命三宝。(《生经》卷一)

(11) 优波斯那甚大喜跃，即便自取耳二金镮，而以赏之。(《贤愚经》卷四)

(12) 后羡之随亲之县，住在县内，尝暂出，而贼自后破县。（《宋书·列传第三》）

上例中的"止欢喜"与"说偈言"，"弃家远业"与"行学道"，"取耳二金镮"与"以赏之"，"尝暂出"与"贼自后破县"都具有动作先后关系，通过"而"标记这两种动作的前后相继关系。

3. 连接项具有事理相承关系

当"而"连接具有逻辑事理上的相承关系时，它连接的动词动作性变弱，甚至包括一些静态动词或形容词，例如：

(13) 夫好学而不得衣食之者，其学必懈而道止也。（《太平经》卷三十五）

(14) 令甘始以药含生鱼，而煮之于沸脂中，其无药者，熟而可食。（《抱朴子·内篇》卷二）

(15) 故天有四时，日月相推，寒暑迭代，其转运也。和而为雨，怒而为风，散而为露，乱而为雾，凝而为霜雪，立而为虹，此天之常数也。（《搜神记》卷六）

例（13）的"懈"和"止"失去了动作动词中的"位移"特征，动作性不太强；例（14）中的"熟"和"可食"中的"熟"属于形容词，完全失去了动作性，而"可食"基本不具备动作性，只是表示一种可能性；例（15）中的"和而为雨，怒而为风，散而为露，乱而为雾，凝而为霜雪，立而为虹"，连接前项"和、怒、散、乱、凝、立"均为静态动词，连接后项"为"也是抽象的非动作动词。

席嘉[①]认为"而"不能表事理相承关系，如果有事理相承关系应

---

① 席嘉：《近代汉语连词》，中国社会科学出版社2010年版，第27页。

归入因果关系中。我们认为，事理相承关系不一定都是因果关系，这种事理相承包含时间先后，也存在前后承接意义，如上例的"学必懈而道止""熟而可食""和而为雨"，连接前项和后项之间没有必然的因果关系，但肯定存在事理上的相承关系，所以"而"其实是可以表达事理关系的，例如：

（16）昔颛顼氏有三子，死而为疫鬼：一居江水，为疟鬼；一居若水，为魍魉鬼；一居人宫室，善惊人小儿，为小鬼。（《搜神记》卷十六）

（17）汉献帝建安二十五年春正月，魏武帝在洛阳，将起建始殿，伐濯龙祠树而血出。（《宋书·志第二十二》）

（18）薄地徒劳，种而必不收。（《齐民要术》卷三）

上例中的"死而为疫鬼""伐濯龙祠树而血出""种而必不收"，连接前项表动作，后项为动作造成的结果。这种关系不一定是因果关系，如"死"和"为疫鬼"、"种"和"必不收"前者并不一定造成后者的结果，二者只是在时间和事理上具有承接关系。之所以"而"经常连接有结果关系的用例，是因为动作在时间上的先后往往会导致一定的结果，先发生的动作有时候造成的直接后果就是发生后面的动作或状态，所以结果关系实际上是时间先后关系在事理上的一种反映。

4. 可以连接肯定和否定选项

"而"连接结果关系的用例中还有一种前项为动作、后项为否定式结果的类型，例如：

（19）夫鼠涉饭中，捐而不食。捐饭之味，与彼不污者钧，以鼠为害，弃而不御。（《论衡·累害篇第二》）

（20）诵字也，言诵读此书而不止，凡事悉且一旦而正，上

得天意,欢然而常喜,无复留倍也。(《太平经》)

(21) 苻生虽好勇嗜酒,亦仁而不煞。(《洛阳伽蓝记》卷二)

上例都是连接前项说明一个动作和状态,后项用否定结构进一步说明这种动作和状态,连接前后项之间看似并列关系,但若从前后项表达动作或状态的事理来看,连接前项可以看成后项的前提和条件,连接后项是前项的结果,"而"是这种事理相承的结果关系标记,如例(19)"捐"是"不食"的前提和条件,"不食"是"捐"的结果;"弃"是"不御"的前提和条件,"不御"是"弃"的结果。

(二) 而后

"而后"是上古时期产生的连词,出现频率不太高,其分布情况见表2-4。

表2-4   "而后"的分布情况   单位:例

《论衡》	《太平经》	《三国志》	《抱朴子》	《古小说钩沉》	《后汉书》
1	10	92	24	3	54
《齐民要术》	《宋书》	《六度集经》	《长阿含经》	《贤愚经》	《佛本行集经》
7	53	4	29	6	1

表2-4显示,"而后"主要见于中土文献,数量最多的《三国志》中有92例。汉译佛经中"而后"数量较少,数量最多的为《长阿含经》29例,篇幅较长的《佛本行集经》也只有1例,《修行本起经》《中本起经》《生经》和《百喻经》都没有找到用例。

1. 属于后置非定位连词

"而后"表时间先后关系,属于后置连词,常位于后续动作或事件之前,表达动作或事件前后相继;"而后"也属于非定位连词,它既可以位于主语前,也可以位于主语后,以主语后为常。例如:

(1) 用武则先威,用文则先德,威德足以相济,而后王道备

矣。(《三国志·魏书一》)

(2) 后与二子别久，下流之情，不可为念，而后颜色更盛，何也？(《三国志·魏书五》)

(3) 儿不知所由，问母而后知之；于是赍牛酒以诣道真。(《古小说钩沉·裴子语林》)

上例"而后"均位于先发动作或事件之后，同时其位置可以位于主语前，如例（1）和例（2），也可以位于主语后，从我们找到的材料来看，位于主语前的例子极少。

2. 兼具句内连接和句间连接功能

"而后"既可以连接词或短语作句内成分，如例（3）；也可以连接单句构成复句，如例（1）和例（2）。

3. 侧重表时间先后关系

"而后"的连接功能比较单一，只连接具有时间先后关系的动作或事件，这种时间先后相继的功能表现在它前面经常出现副词"先"与之关联，形成"先……而后"格式，例如：

(4) 夫人作行，先惠而后夺，后世初生豪富，长即贫困；初夺后惠，后世受之，先贫贱而后长富贵。(《六度集经》卷八)

(5) 臣松之以为杨彪亦曾为魏武所困，几至于死，孔融竟不免于诛灭，岂所谓先行其言而后从之哉！(《三国志·魏书一》)

有时候"而后"出现在连接前句为否定句、连接后句为肯定句的复句中，表示事件由否定到肯定的发展关系，例如：

(6) 本自誓言：尽形寿不饮酒啖肉，不食饭及籹面，而后尽食。(《长阿含经》卷十一)

(7) 儿不知所由,问母而后知之。(《古小说钩沉·郭子》)

上例分别由"不食"到"尽食"、由"不知"到"知之"正是根据动作发生先后顺序而定,"而后"则是这种时间先后顺序的标记。

（三）然后

"然后"作为承接连词源于上古时期,中古时期用例不是很多,但数量也不少,在文献中的分布不均匀,史书中出现较多,其他著作略少,其分布情况如表2-5所示。

表2-5　　　　　　"然后"的分布情况　　　　　　单位:例

《论衡》	《太平经》	《三国志》	《抱朴子》	《古小说钩沉》	《齐民要术》	《南齐书》
5	40	207	33	27	55	26
《修行本起经》	《中本起经》	《六度集经》	《长阿含经》	《百喻经》	《贤愚经》	《佛本行集经》
2	4	1	81	8	14	91

表2-5显示,"然后"的使用频率不高,如《搜神记》甚至没有出现用例,使用最高的是《三国志》,有207例。汉译佛经中的用例略少于中土文献,这可能和单篇译经篇幅较短有关系,汉译佛经中使用最多的是《佛本行集经》,有91例。

1. 为后置不定位连词

"然后"属于后置连词,它只位于连接后项前面;它也是不定位连词,可以出现在连接后项的句首和句中,其中以位于句首为常,起连接句子的作用,例如:

(1) 若调象马虽已调,然后故态会复生,若得最调如佛性,已如佛调无不仁。(《修行本起经》卷下)

(2) 射御巧技,百工之人,皆以法术,然后功成事立,效验可见。(《论衡》卷二十六)

(3) 孝子事亲,亲终,然后复事之,当与生时等邪?(《太平

经》卷三十六)

(4) 彼必外迫内困，然后发此使耳，可因其穷，袭而取之。(《三国志·魏书》)

(5) 我见四鸟，色像若斯，数数来至于彼鹿苑，吾亦数往，然后四鸟来到。(《生经》卷五)

(6) 太子生而泣，太史吹铜曰声中某律；太宰曰滋味上某；太卜曰命云某，然后为王太子悬弧之礼义。(《古小说钩沉·青史子》)

"然后"位于句首后面有可能出现主语，如例(1)例(5)，也有可能不出现主语，如例(2)例(3)例(4)例(6)，一般以不出现主语为常。

中古汉语的"然后"可以出现在主语后，该用法在现代汉语中已经消失，现代汉语中"然后"必须位于主语前(邢福义，1985：85)。中古汉语主语后的"然后"有两种类型，一种是与前一分句构成承接关系，例如：

(7) 君其力疾就会，以惠予一人。将立席几筵，命百官总己，以须君到，朕然后御坐。(《三国志·魏书十三》)

(8) 有一龙王名曰马坚，是大菩萨，以本愿故生于龙中，起发悲心，救护诸商，令得安隐过于大海至彼岸边，龙王然后还本住处。(《悲华经》卷九)

(9) 王曰："周伯仁子弟痴，何以不知取其翁尸？"周家然后收之。(《古小说钩沉·裴子语林》)

主语后的"然后"还有一种类型是作为连动结构的连接标记，连接两个有时间先后关系的动作单独成句或作谓语，这种用法在现代汉语中依然存在，例如：

(10) 夫子时然后言，人不厌其言；乐然后笑，人不厌其笑；义然后取，人不厌其取。(《论衡》卷二十六)

更多时候"然后"前的主语承前省略或隐含其中，例如：

(11) 故天命治国之道，以贤明臣为友，善女然后能和其子也，善臣然后能和其民也。善女然后能生善子，善臣然后能生善民，民臣俱好善，然后能长安其上也。(《太平经》卷四十八)

(12) 望月晦然后知三旬之终，睹霜雪然后知四时之变，问射夫然后知弓弩之须，讯伐木然后知斧柯之用。(《古小说钩沉·小说》)

上例"然后"连接的前后项结构紧凑，且相同结构用例成对出现，如果把它们看成两个句子就显得不太恰当，如例（10）"然后"前后项如果看成不同分句的话，应该如此断句："夫子时，然后言，人不厌其言；乐，然后笑，人不厌其笑；义，然后取，人不厌其取。"这样断句使得整个句子支离破碎，语意不够连贯，不符合一般人的语感，所以我们认为还是连接起来说更符合语言事实。当然，这种"然后"连接连动结构的用例主要出现于成对出现且句式紧凑连贯的句子中，用例数量不多。

2. 主要连接具有时间先后关系的事件

"然后"作为连词最基本的句法功能是连接有时间先后关系的句子，这种时间先后关系在句中有两种标记：一是"然后"前句有"先""今"等时间词与"然后"关联，形成"先/今……然后"格式；二是"然后"后有"乃""方"等连接副词表达前后句的时间关系。首先来看连接前项与"然后"关联的例子：

（13）菩萨意念，欲先沐浴，然后受糜，行诣流水侧，洗浴身形。(《修行本起经》卷下)

（14）夫人命乃在天地，欲安者，乃当先安其天地，然后可得长安也。(《太平经》卷四十五)

（15）元帝便欲施行，虑诸公不奉诏，于是先唤周侯、丞相入，然后欲出诏付刁。(《世说新语》卷中)

（16）兵者凶事，不可为首；今宜往视他州，有发动者，然后和之。(《三国志·魏书》)

（17）叶落尽，然后刈。(《齐民要术》卷二)

这种关联用得最多的是用"先"与"然后"关联，如例（13）、例（14）和例（15）；有时候用其他时间副词，如例（16）的"今"；有时候也可以用补语与之关联，如例（17）的"尽"，指"叶落"完成之后才采取"刈"的动作。

再看连接后项与"然后"关联的例子：

（18）见事当觉，不觉天地神明，当更求亿亿万万、千千百百、十十一一、事皆当相应，然后乃审可用也。(《太平经》卷四十三)

（19）张硕意气激扬，吹破三笛，末取睹脚笛，然后乃理调成曲。(《古小说钩沉·裴子语林》)

（20）其知道者补而救之，必先复故，然后方求量表之益。(《抱朴子·内篇》卷十三)

（21）忍怒以全阴气，抑喜以养阳气，然后先将服草木以救亏缺，后服金丹以定无穷，长生之理，尽于此矣。(《抱朴子·内篇》卷十三)

连接后项与"然后"关联的主要有副词"乃"和"方"，"乃"

如例（18）例（19），"方"如例（20）。有时候"然后"后面还可以有表示先后的分句，如例（21）"然后"后有"先将服草木以救亏缺，后服金丹以定无穷"两个分句，都由"然后"进行统摄。

3. 可以连接具有事理相承关系的句子

连接具有时间先后关系的动作或事件是"然后"的基本语法功能，但"然后"连接的前后项之间有时候不只具有时间先后关系，往往还有条件、结果等附加事理关系，例如：

（22）齿于国子者，以知为臣，然后可以为君；知为子，然后可以为父也。（《抱朴子·外篇》卷四）

（23）覆者，乃谓占事则应，行之则应至是也，然后可以困成天经法，是正所谓以调定阴阳，安王者之大术也。（《太平经》卷五十）

（24）夫天下重器，王者天授，圣德应期，然后能受命创业。（《三国志·魏书·沙帝纪》）

（25）女家追寻见之，以酒脯祷祠，然后得解。（《古小说钩沉·幽明录》）

（26）儒有席上之珍，然后能弘明道训。（《宋书·志第四》）

（27）弥勒菩萨在于我前四十余劫发菩提心，而我然后始发道心，种诸善根，求阿耨多罗三藐三菩提。（《佛本行集经》卷一）

上例有一个共同特点，就是"然后"后面有表示条件或结果关系的能愿动词或副词标记，能愿动词如例（22）到例（26）的"可（以）、能、得"等，副词标记如例（27）的"始"，这些标记表明"然后"具有连接条件或结果关系的功能，如例（22）的"以知为臣"和"知为子"分别是"可以为君"和"可以为父"的条件；例（25）的"得解"可以看成"以酒脯祷祠"的结果。当然，"然后"的基本功能是连接有时间先后关系的句子，连接条件或结果关系的句子是基本功能基础之上的一种附加功能，因为它连接的条件和结果关系是建立在时间先后关系基础之上的。

4. 主要用于肯定和陈述句

"然后"一般用于肯定和陈述句中，也有少量出现在否定和疑问句中，例如：

(28) 我今不得待汝一一嫁七女讫，然后取于大慧作妃，汝八头女，我尽皆取。(《佛本行集经》卷五)

(29) 何必修于山林，尽废生民之事，然后乃乎？(《抱朴子·内篇》卷八)

(30) 若谓于仙法应尸解者，何不且止人间一二百岁，住年不老，然后去乎？(《抱朴子·内篇》卷九)

二 至于、于是、则、然则

(一) 至于

"至于"是转承关系连词，其主要功能是转换话题，连接两个属于不同话题的句子或句群。早在先秦时期，"至于"已形成转承关系连词的功能，中古时期表转承连词"至于"出现的频率并不高，其分布情况如表2-6所示。

表2-6　　　　　　"至于"的分布情况　　　　　　单位：例

《道行般若经》	《太平经》	《中本起经》	《抱朴子》	《三国志》
2	3	1	18	13
《后汉书》	《南齐书》	《齐民要术》	《颜氏家训》	《佛本行集经》
25	14	2	5	2

表2-6显示,"至于"主要出现于中土文献,在汉译佛经中较少出现,我们在《六度集经》《修行本起经》《太子须大拏经》《百喻经》《贤愚经》中均未发现用例。

1. 为后置定位连词

"至于"用于一个话题之后起连接新话题作用,属于后置连词;另外它只出现在后一句子或段落句首,属于定位连词。例如:

(1) 又始皇刚暴而骜很,最是天下之不应信神仙者。又不中以不然之言答对之者也。至于问安期以长生之事,安期答之允当,始皇惺悟,信世间之必有仙道。(《抱朴子·内篇·极言》)

(2) 发白齿落,属乎形骸;至于眼耳,关于神明,那可便与人隔?(《世说新语·贤媛》)

(3) 及与足下敛衽定交,款著分好,何尝不劝慕古人国士之心,务重前良忠贞之节?至于契阔杯酒,殷勤携袖,荐女成姻,志相然诺,义信之笃,谁与间之!(《南齐书·列传第六》)

(4) 凡代人为文,皆作彼语,理宜然矣。至于哀伤凶祸之辞,不可辄代。(《颜氏家训·文章》)

2. 可以连接体词和谓词

"至于"可以连接体词和谓词,以体词为主,例如:

(5) 又五千文虽出老子,然皆泛论较略耳,其中了不肯首尾全举其事,有可承按者也。但暗诵此经而不得要道,直为徒劳耳,又况不及者乎?至于文子、庄子、关令尹喜之徒,其属文笔虽祖述黄老,宪章玄虚,但演其大旨,永无至言。(《抱朴子·内篇·释滞》)

(6) 江湖未静,不可让位;至于邑土,可得而辞。(《三国志·魏书一》)

(7) 又八月中方得熟，九月中始，刈得花子。至于五谷蔬果，与余州早晚不殊，亦一异也。(《齐民要术·种蒜泽蒜附出》)

"至于"连接的体词性成分可以是人，如例（5）的"文子、庄子、关令尹喜之徒"，也可以是物，如例（6）的"邑土"和例（7）的"五谷蔬果"。

"至于"连接谓词的例子较少，例如：

(8) 中兴，明帝始建光烈之称，其后并以德为配，至于贤愚优劣，混同一贯，故马、窦二后惧称德焉。(《后汉书·皇后纪》)

(9) 子良敬信尤笃，数于邸园营斋戒，大集朝臣众僧，至于赋食行水，或躬亲其事，世颇以为失宰相体。(《南齐书·列传第二十一》)

(10) 朝廷宪章，军旅誓诰，敷显仁义，发明功德，牧民建国，施用多途。至于陶冶性灵，从容讽谏，入其滋味，亦乐事也。(《颜氏家训·文章》)

3. 起连接新话题的作用

"至于"是典型的后置转承连词，用于提出一个新话题进行论述，例如：

(11) 且夫松柏枝叶，与众木则别，龟鹤本貌，与众虫则殊，至于彭老，犹是人耳，非异类而寿独长者，由于得道，非自然也。(《抱朴子·内篇·对俗》)

(12) 三皇迈化，协神醇朴，谓五星如连珠，日月若合璧。化由自然，民不犯愿。至于书契之兴，五帝是作。(《后汉书·志第十》)

(13) 光武建武二年，定郊祀兆于洛阳。魏、晋因循，率由汉典，虽时或参差，而类多间岁。至于嗣位之君，参差不一，宜有定制。(《南齐书·志第一》)

(14) 凡此诸人，皆其翘秀者，不能悉记，大较如此。至于帝王，亦或未免。(《颜氏家训·文章》)

上例的"至于"都起引出新话题的作用，例（11）连接前项话题为"松柏枝叶""龟鹤"，后用"至于"引出"彭老"；例（12）前项话题为"三皇迈化"，"至于"引出"书契之兴"；例（13）前项话题为"定郊祀兆于洛阳"，"至于"引出"嗣位之君"；例（14）前项话题为"诸人"，"至于"引出"帝王"。上例均是由"至于"提出一个前面没有提到的话题，以示与前一话题的区别，后再就新话题展开论述。

4. 常常连接多个新话题

"至于"连接新话题时不限于一个话题，常常出现多个话题联合使用的情况，例如：

(15) 世之谓一言之善，贵于千金然，盖亦军国之得失，行己臧否耳。至于告人以长生之诀，授之以不死之方，非特若彼常人之善言也，则奚徒千金而已乎？(《抱朴子·内篇·释滞》)

(16) 夫读五经，尤宜不耻下问，以进德修业，日有缉熙，至于射御之粗伎，书数之浅功，农桑之露事，规矩之小术，尚须师授以尽其理。(《抱朴子·内篇·勤求》)

(17) 干戈鼓噪，昏晓靡息，无戎而城，岂足云譬！至于居丧淫宴之愆，三年载弄之丑，反道违常之衅，牝鸡晨鸣之愿，于事已细，故可得而略也。(《南齐书·本纪第七》)

(18) 又云诸侯即位，小国聘焉，以继好结信，谋事补阙，礼之大者。至于谅暗之内而图婚，三年未终而吉禘，齐归之丧

不废搜，杞公之卒不彻乐，皆致讥贬，以明鉴戒。(《南齐书·志第一》)

(19) 世间名士，但务宽仁；至于饮食饷馈，僮仆减损，施惠然诺，妻子节量，狎侮宾客，侵耗乡党：此亦为家之巨蠹矣。(《颜氏家训·治家》)

"至于"常常使用同一句式连接多个话题，最常用的是"之"字结构，如例(15)"告人以长生之诀，授之以不死之方"，例(16)"射御之粗伎，书数之浅功，农桑之疏事，规矩之小术"；"至于"连接多个新话题时还常使用四音节结构，如例(19)的"饮食饷馈，僮仆减损，施惠然诺，妻子节量，狎侮宾客，侵耗乡党"。之所以多项话题采用"之字结构"，可能跟"之"的性质有关，"之"作为助词能改变句子的性质，使之变为体词性词组，从而更便于将复杂事件话题化。"至于"连接多个话题的功能在现代汉语中仍然存在，只不过在中古时期使用频率更高一点。

(二) 于是

"于是"是上古时期产生的顺承连词，使用频率较高，中土文献和汉译佛经中均比较常见，其分布情况如表2-7所示。

表2-7　　　　　　　"于是"的分布情况　　　　　　单位：例

《论衡》	《太平经》	《三国志》	《古小说钩沉》	《后汉书》	《颜氏家训》
1	10	6	112	483	3
《六度集经》	《撰集百缘经》	《生经》	《百喻经》	《贤愚经》	《佛本行集经》
13	20	45	6	72	10

总的来看，"于是"在中古时期是比较常用的连词，不过从连词的词汇化过程来看，中土文献中的介词"于"加代词"是"的介宾结构出现频率较高，而汉译佛经的顺承连词"于是"使用频率更高一些，如《太平经》中"于是"共30例，其中连词用法仅有10例；而

和其相隔不久的《六度集经》中"于是"14例，13例皆为连词用法。可见汉译佛经更多地反映了当时"于是"在口语中的语言面貌。下面来看其用法特点。

1. 属于后置非定位连词

"于是"只出现于连接后项，所以属于后置连词。它最常见的句法位置是位于后一分句句首，例如：

（1）故天地常有剧病，而不悉除，复欲生圣人，会复如斯，天久悒悒。于是故遣吾下，具为其语，以告真人。（《太平经》卷九十一）

（2）三子怆然有悲伤之情。又曰："宁殒吾命，不损母体也。"于是闭口不食。母睹不食而更索焉。（《六度集经》卷三）

（3）光武初不敢当，然独念兄伯升素结轻客，必举大事，且王莽败亡已兆，天下方乱，遂与定谋，于是乃市兵弩。（《后汉书·光武帝纪》）

除了句首，有少量"于是"置于主语后、谓语前，这种用法出现频率不高，如《太平经》共10例，仅1例位于主语后；徐朝红（2008：53）也曾统计《贤愚经》连词"于是"的用法，"于是"共50例，其中置于主语前41例，置于主语后9例。例如：

（4）光武不答，去之真定。林于是乃诈以卜者王郎为成帝子子舆，十二月，立郎为天子，都邯郸，遂遣使者降下郡国。（《后汉书·光武帝纪》）

（5）既还，知母憾之不已，因跪前请死。母于是感悟，爱之如己子。（《世说新语·德行》）

（6）于时天人，复以种种妙善偈句，报谢父母，父母于是小

得惺悟，作七宝函盛骨着中，葬埋毕讫，于上起塔，天即化去。（《贤愚经》卷一）

2. 主要表事理相承关系

"于是"既可以表时间相继关系，也可以表事理上的相承关系，后者是"于是"的主要功能，例如：

（7）佛知一切皆有疑意，便告摩诃目揵连："汝能为恒萨阿竭说本起乎？"于是目揵连，即从座起，前整衣服，长跪叉手，白佛言："唯然世尊！今当承佛威神，持佛神力，为一切故，当广说之。"（《修行本起经》卷上）

（8）破铜人、钟虡，及坏五铢钱。更铸为小钱，大五分，无文章，肉好无轮郭，不磨锧。于是货轻而物贵，谷一斛至数十万。（《三国志·魏书》六）

（9）更始将北都洛阳，以光武行司隶校尉，使前整修官府。于是置僚属，作文移，从事司察，一如旧章。（《后汉书·光武帝纪》）

（10）高阳氏有同产而为夫妇者，帝怒放之，于是相抱而死。（《齐民要术》卷十）

上例"于是"连接的前后项之间都有时间上的先后关系，但这种时间先后关系只是"于是"语法功能的附带关系，它最主要的用法还是表达事理上的承接关系，如例（7）连接前项为"佛"对"摩诃目揵连"提出请求，后项为"摩诃目揵连"对该请求作出的动作回应；例（8）的"破铜人、钟虡，及坏五铢钱。更铸为小钱，大五分，无文章，肉好无轮郭，不磨锧"为一系列先行动作，连接后项"货轻而物贵，谷一斛至数十万"则是先行动作导致的结果。

3. 多用于话语与动作连接

"于是"经常出现在与对话相关的语境中，一般有两种情况：一是用来连接话语与后续动作行为；二是连接动作行为与后续话语。例如：

（11）天帝言："波罗柰国有一人作沙门，自誓言：当经行伴，不得应真终不卧息。"于是昼夜经行，足坏流血百鸟逐啄，三年得道。(《杂譬喻经》)

（12）大臣人民便欲夺取婆罗门儿，中有长者而谏之曰："斯乃太子布施之心以至于此，而今夺之，不当固违太子本意耶？不如白王。王若知者，自当赎之。"于是乃止。(《太子须大拏经》)

（13）有一天祠当须人祀然后得过，于是众贾共思量言："我等伴党尽是亲亲如何可杀？唯此导师中用祀天。"(《百喻经》卷一)

例（11）（12）是先用话语表达后用"于是"连接动作，例（13）是先动作后用"于是"连接话语，在汉译佛经中第一种类型出现的频率极高。

（三）则

"则"是中古常用的顺承连词，使用频率较高，武振玉[①]发现"则"早在两周金文中就有了顺承连词的用法，中古时期基本沿用了先秦用法。

1. 属于后置非定位连词

"则"主要起句间连接作用，一般位于后句主谓之间或主语前，若句子没有主语则位于句首，例如：

（1）譬如人梦，瘖则无见，黠能舍贪，乃得大安。(《中本起

---

① 武振玉：《两周金文中连词"则"的用法研究》，《古籍整理研究学刊》2007年第2期。

经》卷上)

(2) 是故日得王用事，则月与夜衰短；月得王用事，则日与昼衰短。(《太平经》卷六十九)

(3) 昼则浮游，夜来病人，故使惊恐也。(《三国志·魏书》二十九)

(4) 可直往捣郯，则兰陵必自解。(《后汉书·吴盖陈臧列传》)

例(1)例(3)"则"位于主语后，例(2)例(4)位于谓语前。不过"则"位于主语后的情况一般是表示条件、假设或原因的连接前项作主语，如例(1)的"瘖"是"无见"的条件或原因，例(3)的"昼"是"浮游"的条件，这与我们一般认为的施事或受事主语不同，这种句子似乎也可以归入紧缩句之列，我们还没有发现"则"位于施事或受事主语后的例子。

2. 属于句间连词

"则"主要连接单句或复句，如果连接前项较长，那么"则"在句首位置前置，如果连接前项短则可以紧缩为一句，例如：

(5) 至于斟酌损益，进尽忠言，则攸之、祎、允之任也。(《三国志·蜀书五》)

(6) 阳九一周，阴孤盛则水溢。(《太平经》卷一)

(7) 居则习礼文，行则鸣佩玉，升车则闻和鸾之声，是以非僻之心无自入也。(《古小说钩沉·青史子》)

例(5)连接前项较长，则分为"斟酌损益""进尽忠言""攸之、祎、允之任也"三句并列；例(6)连接两个主谓结构"阴孤盛"和"水溢"，由于前者音节不多，所以可以紧缩为一句；例(7)连接前项"居"、"行"和"升车"音节较短，所以可以和"则"紧缩成句。

3. 主要连接谓词性成分

"则"连接的主要是谓词性成分,连接前项为名词的数量极少,即使连接项出现名词性成分其意义也表述的是状态或动作义,如:

(8) 其余公卿有司仙真圣品,大夫官等三百六十一,从属三万六千人,部领三十六万,人民则十百千万亿倍也。(《太平经》卷一)

(9) 昼则浮游,夜来病人,故使惊恐也。(《三国志·魏书》二十九)

例(8)"人民则十百千万亿倍也"的"人民"在句中可以理解为条件句"如果是人民";例(9)"昼则浮游"的"昼夜"可以理解为"在白天"或"如果是白天"。因为"则"主要表承接关系,其连接前后项之间具有事理关系,即使是名词也因此带上了这种关系,使得名词具有谓词用法。

4. 表事理相承关系

"则"是典型的事理相承关系连词,除了主要表承接关系,连接的前后项之间往往还具有条件、假设、因果等关系,例如:

(10) 藏以瓦器、竹器。顺时种之,则收常倍。(《齐民要术·收种》)

(11) 诸军并起,无终岁之计,饥则寇略,饱则弃余,瓦解流离,无敌自破者不可胜数。(《三国志·魏书一》)

(12) 今我若故修行善法,则不上称大王圣怀,若称王法,善法日衰。(《菩萨本缘经》卷上)

(13) 彼苦行者,设见有人供养沙门、婆罗门,则诃止之,是为垢秽。(《长阿含经》卷八)

(14) 汝今若能以信敬心，设食供养此诸贤士，则可现世称汝所愿。(《贤愚经》卷二)

例 (10) 是条件关系，"顺时种之"是"收常倍"的条件；例 (11) 是因果关系，"饥则寇略，饱则弃余"均是已经发生的事实，"饥"和"饱"是原因，"寇略"和"弃余"是结果；例 (12) 例 (13) 例 (14) 是假设关系，"则"连接前项有"若"或"设"等表假设标记。

"则"还经常用于多个事理相承关系的句子中，例如：

(15) 故北方气王，则南方气衰；南方气王，则北方气衰也。(《太平经》卷六十九)

(16) 直绳则亏丧恩旧，桡情则违废禁典，选德则功不必厚，举劳则人或未贤，参任则群心难塞，并列则其敝未远。(《后汉书·列传第十二》)

(17) 君与家君期日中时，过中不来，则无信；对子骂父，则是无礼。(《殷芸小说》卷四)

(四) 然则

"然则"使用频率不高，主要出现于中土文献，汉译佛经中用例较少。其分布情况如表 2-8 所示。

表 2-8　　　　　　"然则"的分布情况　　　　　　单位：例

《论衡》	《修行本起经》	《三国志》	《搜神记》	《长阿含经》
105	7	39	4	1
《古小说钩沉》	《后汉书》	《齐民要术》	《南齐书》	《颜氏家训》
1	15	10	7	12

表 2-8 显示，"然则"在中土文献中的数量明显多于汉译佛经，我们在《中本起经》《六度集经》《百喻经》《贤愚经》《杂宝藏经》

《佛本行集经》等译经中均没有发现用例。从时间发展来看,"然则"在中古早期分布较多,其中《论衡》中有105例为最多,中古后期逐渐减少。

1. 属于后置定位连词

"然则"是句间连词,主要连接句子或复句。它只出现在句首位置,属于定位连词;只出现在连接后项,属于后置连词。请看例子:

(1) 欲得道者,当断贪爱,灭除情欲,无为无起,然则痴灭。(《修行本起经》卷下)

(2) 古者察其言,观其行,而善恶彰焉。然则君子之去刑辟,固已远矣。(《三国志·魏书十三》)

(3) 昔崔杼不杀晏婴,晏婴谓杼为大不仁,而有小仁。然则奸臣贼子,犹能有仁矣。(《抱朴子·外篇·仁明卷》)

2. 侧重事理承接关系

"然则"主要连接事理承接关系,很少侧重于表时间承接关系。例如:

(4) 孙盛曰:化合神者曰皇,德合天者曰帝。是故三皇创号,五帝次之。然则皇之为称,妙于帝矣。(《三国志·魏书十三》)

(5) 既使去壶,即复见此人还炉坐前,未至席顷犹见两炉,既即合为一,然则此神人所提者,盖炉影乎。(《古小说钩沉·冥祥记》)

(6) 夫能得众心,则百世不忘矣。观更始之际,刘氏之遗恩余烈,英雄岂能抗之哉!然则知高祖、孝文之宽仁,结于人心深矣。(《后汉书》卷十二)

(7) 西兖州刺史刘仁之,老成懿德,谓余言曰:"昔在洛阳,于宅田以七十步之地,试为区田,收粟三十六石。"然则一亩之收,有过百石矣。(《齐民要术·种谷》)

"然则"主要表具有推理过程的承接关系,这种承接关系多具有推断性质,如例(4)的"皇之为称,妙于帝矣"是根据"三皇创号,五帝次之"得出;例(5)"此神人所提者,盖炉影乎"是根据"未至席顷犹见两炉,既即合为一"推断得出;例(6)"知高祖、孝文之宽仁,结于人心深矣"的结论是根据"观更始之际,刘氏之遗恩余烈,英雄岂能抗之哉"推断得出;例(7)的"一亩之收,有过百石矣"是根据"昔在洛阳,于宅田以七十步之地,试为区田,收粟三十六石"推断得出。

3. 表示较强烈的顺承语气

"然则"主要表事理顺承关系,这种事理顺承关系往往包含说话人的推理过程,说话人推理时会伴随一种高程度的推理语气,表现在句中往往带上强烈的陈述、感叹和反问语气,这种顺承语气表现在如下两方面。

首先,如果"然则"连接陈述句,那么所连接的后项句子或复句句尾多半有表陈述的语气词"也"或"矣"来加强陈述语气,例如:

(8) 礼,天子之器必有金玉之饰,饮食之肴必有八珍之味,至于凶荒,则彻膳降服。然则奢俭之节,必视世之丰约也。(《三国志·魏书二十一》)

(9) 昔帝舜南巡,卒于苍梧。秦置桂林、南海、象郡,然则四国之内属也,有自来矣。(《三国志·吴书八》)

其次,根据我们搜集的语料看,"然则"连接的后项句子或复句句尾经常为疑问句或反问句,句尾有疑问语气词"乎"或"为"帮助表示疑问语气，例如：

（10）况权举全吴，望风顺服，宠灵之厚，其可测量哉！然则昭为人谋，岂不忠且正乎？（《三国志·吴书七》）

（11）此鸯伽摩纳众恶悉备，然则讽诵、端正，竟何用为？（《长阿含经》卷十五）

（12）宪英曰："天下有不可知，然以吾度之，太傅殆不得不尔！明皇帝临崩，把太傅臂，以后事付之，此言犹在朝士之耳。且曹爽与太傅俱受寄托之任，而独专权势，行以骄奢，于王室不忠，于人道不直，此举不过以诛曹爽耳。"敞曰："然则事就乎？"（《三国志·魏书二十五》）

（13）吾意不及此。微子之言，几败国事。然则计当安出？（《后汉书》卷五十八）

三 "若"类和"因"类连词

（一）"若"类连词

"若"类承接连词包括"若""若夫""若乃"三个，起转承话题作用，其中"若"使用频率较高。由于"若"用法复杂，不太好统计，我们统计了"若夫"和"若乃"在六部文献中的例子，其分布情况如表 2-9 所示。

表 2-9　　　　　"若夫""若乃"的分布情况　　　　　单位：例

	《论衡》	《三国志》	《抱朴子》	《后汉书》	《生经》	《贤愚经》
若夫	22	11	35	22	0	1
若乃	0	18	21	23	0	1

表 2-9 显示,"若夫"和"若乃"在中土文献中出现数量明显多于汉译佛经中出现数量,它们在汉译佛经中的出现次数极低。其中"若夫"的出现频率略高于"若乃"。

1. 属于后置定位连词

"若""若夫""若乃"可以连接句子或复句,只出现在连接后项句首位置。例如:

(1) 暌孤见豕负涂,厥妖人生两头,下相攘。善妖,亦同人。若六畜,首目在下。(《搜神记》卷六)

(2) 大丈夫之鼓动拔起,其志致盖远矣。若夫齐武王之破家厚士,岂游侠下客之为哉!(《后汉书》卷十四)

(3) 斯固原情比迹,所宜推察者也。若乃议者欲因二郡之众,建入关之策,委成业,临不测,而世主未悟,谋夫景同,邳彤之廷对,其为几乎!(《后汉书·卷二十一》)

2. 起转承话题作用

"若""若夫""若乃"连接两个不同出发点的话题,以示后一话题与前一话题的区别。如例(1)连接前项话题为"妖",后引出话题"六畜";例(2)前一话题为"其志",后引出话题"齐武王之破家厚士";例(3)前一话题为"斯固原情比迹",后引出"议者欲因二郡之众,建入关之策,委成业,临不测,而世主未悟,谋夫景同,邳彤之廷对"。

3. 具有多话题承接功能

"若""若夫""若乃"经常出现在话题比较复杂、需要转承多个并列话题的复句中,例如:

(4) 其宰守称职之良,闺帏一介之善,详悉列奏,勿或有

遗。若刑狱不恤，政治乖谬，伤民害教者，具以事闻。(《宋书·本纪·文帝》)

(5) 是岁也，十一月辛未朔，十五日乙酉窆于东垣之陵。骠骑同兆也。若夫琼柯殖昆之深，爪葛河诞之润，弈世山川之封，子孙象贤之论，足以播德管弦，刊彰篆素。(《汉魏南北朝墓志汇编》)

(6) 君侯忘圣贤之显迹，述鄙宗之过言，窃以为未之思也。若乃不忘经国之大美，流千载之英声，铭功景钟，书名竹帛，此自雅量素所蓄也，岂与文章相妨害哉？(《三国志·魏书十九》)

例 (4)"若"后有"刑狱不恤，政治乖谬，伤民害教者"三个并列话题，例 (5)"若夫"后有"琼柯殖昆之深，爪葛河诞之润，弈世山川之封，子孙象贤之论"四个并列话题，例 (6)"若乃"后有"不忘经国之大美，流千载之英声，铭功景钟，书名竹帛"四个并列话题。"若""若夫""若乃"后面常用相同结构形式将多个话题同时引出进行论述。

(二)"因"类连词

"因"类承接连词包括"因、因便、因尔、因复、因即"五个，其中单音节连词"因"使用频率最高，其他四个双音节连词由"因"复音化而来，使用频率极低，"因便""因而""因复"可能是添加后缀"便""尔""复"而成，"因即"则由"因"和"即"复合而成。下面我们重点讨论"因"的用法。

"因"在中古时期主要表因果关系，也可表顺承关系，前者略多于后者，表顺承关系时使用频率不高。之所以认为，"因"是承接连词，是因为它可以表达事理相承关系和时间先后关系，具有典型的承接功能，虽然多数情况下这种承接功能具有因果关系，但它主要表达的还是事理上的相承关系，有时纯粹表时间先后关系，所以可以将其定性为顺承连词。

1. 基本属于后置定位连词

承接连词"因"一般连接句子或复句，出现在连接后项，属于后置连词；一般情况下"因"位于句首位置，有少量例句位于主谓之间。例如：

（1）有人得定者，弟子呼之饭不觉，因前牵其臂，臂申长丈余，弟子怖便取结之，意恐结不可复解之。（《杂譬喻经》）

（2）单父吕公善相，见高祖状貌，奇之，因以其女妻高祖，吕后是也，卒生孝惠帝、鲁元公主。（《论衡·骨相篇》）

（3）周灵王时，苌弘见杀，蜀人因藏其血，三年，乃化而为碧。（《搜神记》卷十一）

（4）王平子从荆州下，大将军因欲杀之，而平子左右有二十人，甚健皆持楯马鞭。平子恒持玉枕，以此未得发。（《古小说钩沉·裴子语林》）

上例所有例子的"因"都位于连接后项，其中前两例位于无主句句首位置，后两例位于主语后位置。从我们搜集的材料来看，一般"因"前面主语都承前省略，其位于无主句句首位置为常，有时句子主语变化，"因"出现在另外一个主语后的例子极少。这可能是因为连词"因"由其介词用法的"依照""根据"义发展而来，其连词用法还不成熟，受介词义影响。

2. 表因果顺承关系

"因"主要表事理相承或时间先后关系，其连接项之间往往附带有一定的因果关系，例如：

（5）令上无复所取信，下无所付归命，因两相意疑，便为乱

113

治。(《太平经》卷四十二)

(6) 唯功曹心知是太祖,以世方乱,不宜拘天下雄俊,因白令释之。(《三国志·魏书一》)

(7) 子乔化为白蜺,而持药与文子。文子惊怪,引戈击蜺,中之,因堕其药。(《搜神记》卷一)

上例"因"的连接项之间都具有因果顺承关系,如例(5)的"令上无复所取信,下无所付归命"是"两相意疑,便为乱治"的原因,例(6)的"唯功曹心知是太祖,以世方乱,不宜拘天下雄俊"是"白令释之"的原因,例(7)的"文子惊怪,引戈击蜺,中之"是"堕其药"的原因。

但是并非所有的"因"连接项之间都有因果关系,有时候这种因果关系并不明显,例如:

(8) 既夜藏精卒三千人为伏,使参军成公英督千余骑挑战,敕使阳退。胡果争奔之,因发伏截其后,首尾进击,大破之,斩首获生以万数。(《三国志·魏书十五》)

(9) 有一老公过,请饮,因相吕后曰:"夫人,天下贵人也。"(《论衡·骨相篇》)

上例句子主要表述动作性事件的发生先后顺序,如果理解为因果关系则显得不太顺畅,如例(8)的"胡果争奔之"与"因发伏截其后,首尾进击,大破之,斩首获生以万数",例(9)的"有一老公过,请饮"和"相吕后"之间,并没有表达明显的因果关系,其中的"因"如果译成"因此",句意反而不好理解,不如翻译成"于是"或者"然后"显得自然。所以"因"主要还是表顺承关系,因果关系为其附带关系。

第三节 来源与演化过程

一 而、而后、然后

(一) 而

"而"《说文·而部》:"颊毛也,象毛之形",段玉裁认为"而"的虚词为引申假借用法,所以"而"的连词用法与其本义没有直接关系。于省吾[1]指出甲骨文中有"而"但没有连词用法,陈永正[2]和钟旭元、许伟建[3]都认为连词用法始于西周时期。

关于连词"而"的来源讨论的文章不多,蓝鹰[4]认为连词"而"由其指示代词用法演化而来,蓝文指出"而"作指示代词先秦已有先例,如裴学海[5]对"而"字解释为"此"和"是",并举《墨子·号令》例如:"离守者三日而一徇,而所以备奸也。"蓝文认为"而"作指示代词有可能演化为连词,因为"而"作指示代词时一般位于句首,有可能在其指代意味削弱之后起连接作用,连接两个谓词成分,这样的指示代词的例子有:

(1) 人之有能有为,使羞其行,而邦其昌。(《尚书·周书·洪范》)

(2) 九月甲申,公孙敖卒于齐。奔大夫不言卒,而言卒,何

---

[1] 于省吾:《甲骨文字诂林》,中华书局1996年版,第3443—3445页。

[2] 陈永正:《西周春秋铜器铭文中的联结词》,《古文字研究》第十五辑,中华书局1986年版,第309—329页。

[3] 钟旭元、许伟建:《甲骨文金文通假字释例》,《华南师范大学学报》(社会科学版)1987年第1期。

[4] 蓝鹰:《上古单音节连词考源——从词类角度作的考察》,载《语言研究论丛》第六辑,天津教育出版社1991年版,第83—85页。

[5] 裴学海:《古书虚字集释》(下),中华书局2004年版,第539页。

也?(《穀梁传·文公十四年》)

蓝文的看法有一定的合理性,因为一方面汉语不乏由代词演化为连词的类型,如"斯、那么"等,Hopper在《语法化》一书中提出汉语之外的其他语言有代词语法化为连词的类型;另一方面"而"作为复指代词时位于句首,在句法位置上也完全具有演化为连词的语法条件,但是,承接连词"而"由代词演化而来的观点也存在明显的问题:先秦时期"而"的指示代词用例并不多,反而是连词用法比较常见,很难找到确切的指示代词演变为连词的用例,失去材料支撑的观点缺乏说服力。

由于"而"的连词用法产生于西周时期,在此之前"而"的本义与其没有直接关系,在排除指示代词用法之后,只剩下产生较早的另一动词义"如同"的用法了,动词同样也可能演化为连词,如汉语中的"至""接着"等也是由动词(词组)演化为连词的,但"而"的动词义演化为连词义与指示代词义演化为连词存在同样的问题,那就是用例太少,使用频率过低,缺乏语义演变的频率条件。

我们大胆假设,如果找不到更多的材料证明"而"由指示代词义或动词义演化而来的话,有可能这种连词用法来源于假借用法,因为只有这样才能解释为什么没有充足的材料来证明"而"由其实词义逐步演化为连词的,而且段玉裁在《说文解字》注解中已经有类似看法了。

(二)而后

"而后"的连词用法在先秦时期就已经产生,《汉语大词典》首引《论语·述而》:"子与人歌而善,必使反之,而后和之。""而"与"后"的连接凝定在上古时期已经完成,但"而"与"后"的连接有些仍处于过渡时期,这种过渡从"先……而后……"格式中体现得非常明显,例如:

(1) 九五，同人，先号咷而后笑，大师克相遇。(《周易·象传》)
(2) 五岁再闰，故再仂而后挂。(《周易·系辞》)

例(1)"先号咷而后笑"理解为"先号咷+而+后笑"或"先号咷+而后+笑"均可；例(2)是"再……而后"格式，这种格式同样可以两解，中古时期也有这样的例子，如《太平经·卷十八至三十四》："子犹观昔者博大真人邪？所以先生而后老者，以其废邪？人而独好真道，真道常保而邪者消。"这里"先生而后老"理解为"先生+而+后老"或"先生+而后+老"显然都是可以成立的，所以"而后"作为连词是由"A+而+后B"演化而来，"而"与"后"虽然属于不同的语言层次，但由于二者长期联合使用，逐渐突破句法结构限制凝结为一个词。

所以，"而后"的演化路径为：跨层结构：而（承接连词）+后（时间副词）>而后（承接连词）。

(三) 然后

"然"，《说文·火部》："烧也。从火肰声"，段玉裁认为是通假为"如此"；"後"，《说文·彳部》释为"迟也。从彳、幺、夂者，後也"。何洪峰、孙岚[①]认为"然后"一词由跨层结构"X然，后Y"凝合而成，不过何文并没有找到由这种格式演化为"然后"的实例，所以他们认为是"然后"词汇化较早所致。我们也搜寻了相关材料，发现有少量"X然，后Y"格式的例子：

(1) 今地已入，而秦兵不可下，臣则死人也。虽然，后山东之士，无以利事王者矣。(《战国策·魏三》)

---

① 何洪峰、孙岚：《"然后"的语法化及其认知机制》，《云南师范大学学报》(对外汉语教学与研究版) 2010年第5期。

(2) 望月晦然，后知弓弩之须；谇伐木然，后知斧柯之用。（《全汉文》卷二十四）

最早出现"X 然，后 Y"格式的例子，是《战国策》中而"然后"连用早在西周时期就已经出现，例如：

(3) 山泽通气，然后能变化，既成万物也。（《周易·说卦传》）
(4) 数合声和，然后可同也。（《国语·周语下》）

可以看到，"然后"一词出现时间早于"X 然，后 Y"格式，所以还没有充分的语料证明"然后"由"X 然，后 Y"格式演化而来，但我们仍然认为"然后"极有可能由"X 然，后 Y"格式演化而来，理由如下：首先，先秦时期，词汇以单音节为主，双音节词汇极少，"然后"产生之初即为双音节词的可能性很小；其次，"X 然，后 Y"格式中"然"和"后"句法位置相邻，语义依存度较高，具有由跨层结构凝定为一个词的句法语义条件；再次，根据何洪峰、孙岚（2010）和席嘉的研究①，先秦有不少"然后"的用例可以理解为"如是，后"，如：

(5) 文质彬彬，然后君子。（《论语·雍也》）
(6) 即必吾先从事乎爱利人之亲，然后人报我以爱利吾亲也。（《墨子·兼爱》）

"然后"在先秦时期已经是一个高度词汇化的连词，由于其词汇化程度高且时间早，很难再现其语法化过程，只能猜测其由"X 然，

---

① 席嘉：《近代汉语连词》，中国社会科学出版社 2010 年版，第 61 页。

后 Y"格式演化而来。

因此,"然后"的演化路径为:跨层结构:X 然,后 Y > 然后(承接连词)。

二 至于、于是、则

(一)至于

承接连词"至于"是由动词"至"和介词"于"凝定而成。"至",《说文·至部》:"鸟飞从高下至地也",后"至"引申出"来到"义。早在西周时期"至""于"就已经连用为"至于",如《周易·蛊》有如下例子:"元亨,利贞。至于八月有凶。""至于"的连词化经历了如下几个阶段:

1."至(动词)+于(介词)"连接对象的泛化

"至于"所带宾语经历了由处所泛化为对象、事物或事件的演化过程。由于"来到"义经常要后接方所,上古时期方所多由"于"介引,故"至"和"于"常联合使用,表"来到某处"之义。例如:

(1)赐我先君履,东至于海,西至于河,南至于穆陵,北至于无棣。(《左传·僖公四年》)

(2)送子涉淇,至于顿丘。(《诗经·卫风·氓》)

"至于"最初用于连接处所,慢慢地其连接对象虚化并泛化为其他事理关系的事物或事件,这一过程早在上古时期就已完成,例如:

(3)由汤至于武丁,贤圣之君六七作。(《孟子·公孙丑·章句上》)

(4)获者执旌许诺,声不绝,以至于乏。(《仪礼·乡射礼》)

(5) 夙兴夜寐，靡有朝矣。言既遂矣，至于暴矣。(《诗经·卫风·淇奥》)

(6) 微乎微乎，至于无形；神乎神乎，至于无声，故能为敌之司命。(《孙子兵法·虚实》)

上例"至于"的连接对象皆为对象、事物或事件，例（3）"由汤至于武丁"为人物对象，也可以理解为时间距离；例（4）例（5）例（6）的"乏""暴""无形""无声"为具有事理关系的动作或状态，表示前一动作或状态之后达到的另一动作或状态，这里前后句具有事理上的位移或结果关系。

2. 由事理位移发展为提起后一事件

由处所位移泛化为事理位移之后，会导致两个变化：一方面"至于"由连接处所向连接动作和事件发展；另一方面"至于"对于前后句的顺序关系要求不再那么严格，使得"至于"向话题转承功能进一步发展。例如：

(7) 今之孝者，是谓能养。至于犬马，皆能有养；不敬，何以别乎？(《论语·为政》)

(8) 桓公之乱，蔡人欲立其出，我先君庄公奉五父而立之，蔡人杀之，我又与蔡人奉戴厉公。至于庄、宣皆我之自立。(《左传·襄公二十四年》)

(9) 夫道者、弘大而无形，德者、核理而普至。至于群生，斟酌用之，万物皆盛，而不与其宁。(《韩非子·扬权》)

上例"至于"前后项表述的事件之间的事理关系顺序已经比较松散，如例（7）的"今之孝者，是谓能养"和"犬马，皆能有养"之间已经没有时间发展关系，但还存在事理上的联系；例（8）的"我先君庄公奉五父而立之，蔡人杀之，我又与蔡人奉戴厉公"和"庄、宣皆我之自立"之间也存在事理关系，但"至于"更像是提起新话题，而非说明前后事件的发展关系；同样例（9）的"夫道者、弘大而无形，德者、核理而普至"和"至于群生，斟酌用之，万物皆盛，而不与其宁"之间虽然同样存在事理联系，但连接后项话题转换意图更加明显。

3. 转承关系的确立

春秋战国时期属于"至于"兼表事理发展和提起话题时期，战国晚期以后完全表转承关系的连词"至于"开始出现，例如：

（10）夫众人畜我者，我亦众人事之。至于智氏则不然，出则乘我以车，入则足我以养，众人广朝，而必加礼于吾所，是国士畜我也。（《吕氏春秋·不侵》）

（11）孔子在位听讼，文辞有可与人共者，弗独有也。至于为《春秋》，笔则笔，削则削，子夏之徒不能赞一辞。（《史记·孔子世家》）

上例"至于"连接的前后两项转承关系十分明显，例（10）"智氏则不然"明显是强调后一话题，与前项话题形成对比；例（11）后项"至于为《春秋》"与前项之间的事理发展关系并不明显，而是着重于转承孔子"为《春秋》"之事。虽然先秦出现有完全表转承关系的连词，但数量并不多，转承关系连词大量出现还是在中古时期。

至此我们将"至于"连词化的演化过程归纳如下："至于"是由动词"至"和介词"于"跨层组合而成，西周时期，"至于"已经连用，主要表处所或时间由此及彼的发展；春秋时期，"至于"由到达处所泛化为到达对象、事物或事件；春秋战国时期，由事理位移发展为提起后一事件；战国晚期，表纯粹转承关系的连词开始出现；中古时期，转承连词"至于"使用频率逐渐增高。

因此，"至于"的演化路径为：跨层结构：至（动词）+于（介词）>至于（承接连词）。

（二）于是

1. 引出对象的"于（介词）+是（代词）"

介宾结构"于（介词）+是（代词）"中的"是"经常指代上文出现的时间、地点和事件，整个结构表"在这里""从这里""在这件事上"等，上古时期这种介宾结构就经常联合出现，例如：

(1) 孔子既得合葬于防，曰："吾闻之：古也墓而不坟；今丘也，东西南北人也，不可以弗识也。"于是封之，崇四尺。（《礼记·檀弓上》）

(2) 公问羽数于众仲。对曰："天子用八，诸侯用六，大夫四，士二。夫舞，所以节八音而行八风，故自八以下。"公从之。于是初献六羽，始用六佾也。（《左传·隐公五年》）

(3) 夫民之大事在农，上帝之粢盛于是乎出，民之蕃庶于是乎生，事之供给于是乎在，和协辑睦于是乎兴，财用蕃殖于是乎始，敦庬纯固于是乎成，是故稷为大官。（《国语·周语上》）

上面都是介宾结构"于是"，例（1）"于是"表"在这里"，例（2）表"从这时"，例（3）表"从此"，"是"分别代表地点、时间和事物，"于是"的意义也比较实在。

有时候"于是"的"于"前面有其他动词，"是"后面会出现修饰的指代对象，形成"V+于+是"和"于+是+N"格式，例如：

(4) 其余皆取之，实于一俎以出。祝、主人之鱼、腊取于是。（《仪礼·有司彻》）

(5) 仲春之月，令会男女。于是时也，奔者不禁。(《周礼·天官冢宰》)

例（4）的"于"前有动词"取"，例（5）"是"的后面有名词"时"，这种"V+于+是"和"于+是+N"格式证明了"于是"为介词结构。

2. 兼表连接关系的"于是"

介词结构"于是"出现的句法位置有谓语动词后和谓语动词前两个，当它位于谓语动词前时，有可能出现连接关系，例如：

(6) 王不听，于是国莫敢出言，三年，乃流王于彘。(《国语·周语上》)

(7) 景公悦。大戒于国，出舍于郊。于是始兴发补不足。(《孟子·梁惠王章句下》)

(8) 不改可因，因在好恶，好恶生变，变习生常，常则生丑，丑命生德。明王于是生，政以正之。(《逸周书·常训解》)

上例"于是"既可以理解为介宾结构用法，也可以理解为连词用法，如例（6）"于是国莫敢出言"可以理解为"在这件事上国民不敢说话"或"因此国民不敢说话"；例（7）"于是始兴发补不足"可以理解为"在这里始兴发补不足"，也可以理解为"因此始兴发补不足"；例（8）"明王于是生"可以理解为"明王在这种情况下生"，也可以理解为"明王因此生"。这一时期的"于是"处于语法化的中间阶段，由于"于是"意义上表示"在这里、在此时、在这件事上"，其中的"这里、此时、这件事"和上文有直接的复指关系，能够和上文建立事理上的联系，自然而然产生连接关系，再加上"于是"位于谓语前或主语前位置时，正是连词的典型位置，所以"于是"很自然地产生了连词用法。

3. 连词"于是"

"于是"由介词结构向连词转化的过程早在先秦阶段就已经完成，春秋战国时期出现了脱离介宾结构意义纯粹表连接关系的"于是"，例如：

(9) 故务其三时，修其五教，亲其九族，以致其禋祀，于是乎民和而神降之福，故动则有成。(《左传·桓公六年》)

(10) 景公造然变色曰："寡人其暴乎！"于是损刑五。(《韩非子·难二》)

(11) 隐曰："吾否，吾使修涂裘，吾将老焉。"公子翚恐若其言闻乎桓，于是谓桓曰："吾为子口隐矣。"(《公羊传·隐公四年》)

上例的"于是"主要起连接前后句子或复句的作用，其表介宾结构的实在意义已经完全感觉不到了，和现代汉语的"于是"用法基本一致，而且例 (10) 和例 (11) 的"于是"都是位于对话之后的动作行为中，这与中古时期的语言使用环境完全一致。

虽然连词"于是"在上古时期已经产生，但和中古不同的是，上古早期"于是"使用频率不高，战国以后才逐渐增多，如"于是"在《周易》中出现1例，《尚书》0例，《周礼》1例，《诗经》0例，《左传》170例，《国语》88例，《孟子》10例。在这些例子中，纯粹连词只占一部分。

所以，"于是"的演化路径为：于（介词）+ 是（代词）> 于是（承接连词）。

(三) 则

1. "则"的本义

"则"，《说文解字》释为："等划物也，从刀从贝。"段玉裁注为：

"介划之，故从刀，引申之为法则，假借之为语词……物货有贵贱之差，故从刀介划之。"段玉裁认为"则"为"划分"之义，之所以从"刀"，是因为货物有贵贱之分，故用刀来进行划分。关于"则"的本义，学术界还没有形成统一认识，主要有三种不同看法：郭沫若[①]和戴家祥[②]认为"则"是宰割之"宰"的本字；唐兰[③]认为是"刻画"义；最近，李杰群[④]进一步考察认为应当是"划分"义。这三种看法中后两种意见"刻画"义和"划分"义意思比较接近，而与"宰"义相去较远，综合考虑《说文解字》及段注，我们认为"划分"义较为合理。

2. "则"的意义演化过程

"则"在金文中出现了频率较高的连词用法，其语法化过程可能较早就已经完成，李杰群（2001）认为"则"本义为"划分"，后引申出名词"法则"义，即划分的依据，再由"法则"义引申出动词"效法"义，又根据"效法"义引申出连词"则"。对于李文的看法我们有一些疑问：首先，从"划分"到"法则"再到"效法"义的演化，这种从实词到实词再到实词的演化跨度较大，其演化具体过程还有进一步研究的余地；其次，从"效法"义虚化为连词具体过程是怎么发展的，李文并没有说明，还有待进一步证明。不过可以确定的是，在先秦文献中，"划分""法则""效法"和表连接关系的连词"则"义同时存在，例如：

（1）咸则三壤成赋，中邦锡土、姓，只台德先。（《尚书·禹贡》）

---

① 郭沫若：《两周金文辞大系》，东京文求堂1932年版。
② 戴家祥编：《金文大字典》，学林出版社1995年版。
③ 故宫博物院编：《唐兰先生金文论集》，紫禁城出版社1995年版。
④ 李杰群：《连词"则"的起源和发展》，《中国语文》2001年第6期。

(2) 六物不同，民心不壹，事序不类，官职不则，同始异终，胡可常也？(《左传·昭公七年》)

(3) 天生烝民，有物有则。(《诗经·大雅·烝民》)

(4) 耳不听五声之和为聋，目不别五色之章为昧，心不则德义之经为顽，口不道忠信之言为嚚。(《左传·僖公二十四年》)

(5) 令尹无威仪，民无则焉。民所不则，以在民上，不可以终。(《左传·襄公三十一年》)

(6) 河出图，洛出书，圣人则之。(《周易·系辞》)

例（1）和例（2）的"则"为"划分"义，例（3）为"法则"，例（4）例（5）例（6）为"效法"义。

"则"的"效法"义与承接关系具有一定意义上的相似性，即"效法"具有学习前人思想、行为义，这种用法具有一定的相承关系，所以"效法"义有可能演变为承接关系义，但"效法"是一个意义较实在的动词，主要在句中作谓语，它要演化为连词，一般需要后面再接一个连动的谓词性结构，而我们在文献中找到的这样的例子很少。洪波[①]也认为"则"的连词用法和名词义相差太远，二者不具备演化关系，所以"则"是否来源于"效法"义还有待进一步证明。由于没有更好的有说服力的成果，我们暂时采用这一说法，但上述关于"则"演变的问题我们暂时存疑。

3. "则"的功能变化

李杰群（2001）发现上古连词"则"有时间承接和事理承接关系两种，而且从先秦早期到后期表时间相承关系的"则"逐渐减少，而表示事理相承关系逐渐增多，李文的统计如表 2-10 所示。

[①] 洪波：《论汉语实词虚化的机制》，载吴福祥主编《汉语语法化研究》，商务印书馆 2005 年版，第 177 页。

表2-10　　　　　　　"则"的承接语义类型　　　　　　　单位：例

	时间承接	事理承接	合计
西周金文	16	12	28
《尚书》	14	57	71
《诗经》	24	39	63
《论语》	30	91	121
《孟子》	21	376	397

李文的统计与我们搜集的材料所反映的实际情况是一致的，"则"表时间先后关系的例子如下：

(7) 公使阳处父追之，及诸河，则在舟中矣。(《左传·僖公三十三年》)

(8) 使子路反见之。至，则行矣。(《论语·微子》)

(9) 其子趋而往视之，苗则槁矣。(《孟子·公孙丑上》)

中古时期"则"表时间承接的例子已经少见，这种功能主要由"而（后）""然后""于是"代替。

所以，"则"的演化路径可能是：则（动词：划分）＞则（名词：法则）＞则（动词：效法）＞则（承接连词）。

三　"若"类和"因"类连词

（一）"若"类连词

1. 若

"若"，《说文·艹部》释为："择菜也，从艹、右，手也。"段玉裁注为："择菜引申之义也。从艹右，右手也……又假借为如也，然也，乃也，汝也，又兼及之词。"可见"若"最初为动词，后引申为

"择菜"之"择",后又假借为"如、然、乃"以及"兼及之词",这里"兼及之词"也就是连词。因此,段注认为连词为"若"假借而来,与本义关系不大。我们初步考察,未能发现本义和其连词用法之间的关联性,所以同意段氏的看法。

"若"虽然与本义无关,但也并非直接假借为转承连词,中间经历了其他阶段的演化,这种演化与"若"的假设义有直接关系,因为话题标记和假设标记之间存在演化关系,李晋霞[①]提出了"假设标记——假设提出一个话题——提出一个话题"的演化路径,话题标记经历了假设义减弱、话题性增强的演变过程;吕叔湘[②]在谈论"若夫""至若"等转承连词时就提及它们和假设义的关系,认为其假设义轻而转承义重;席嘉[③]正式提出转承连词"若"由其假设功能发展而来,这种假设功能主要由假设成分的省略和假设义的弱化而成,例如(席嘉,2010:68):

(1) 臣之罪大,尽灭桓氏可也。若以先臣之故,而使有后,君之惠也。若臣,则不可以入矣。(《左传·哀公十四年》)

(2) 欲与大叔,臣请事之;若弗与,则请除之,无生民心。(《左传·隐公元年》)

上例的"若臣"后面省略了说明成分,"若弗与"的"若"后面省略了主语成分,但并不影响句意的表达,这种假设意义必须结合上文才能完全理解,这种说明成分和主语成分的省略和隐含削弱了"若"的假设功能,其话题标记作用却明显增强,最后演化出转承话题的功能。当然,"若"的这种话题标记功能的产生是一个渐进过程,

---

① 李晋霞:《论话题标记"如果说"》,《汉语学习》2005年第1期。
② 吕叔湘:《中国文法要略》(修订本),商务印书馆1982年版,第40页。
③ 席嘉:《近代汉语连词》,中国社会科学出版社2010年版,第68页。

上古时期，"若"后面连接是话题还是假设成分还不太好判断，一般只有当连接后项为名词时，其转承义才比较显豁，而当后面是分句或谓词性成分时，还不太好判断其确切功能，例如：

（3）问有余，曰"亡矣"，将以复进也，此所谓养口体者也。若曾子，则可谓养志也。事亲若曾子者，可也。(《孟子·滕文公章句下》)

（4）夫乐不过以听耳，而美不过以观目。若听乐而震，观美而眩，患莫甚焉。(《国语·周语下》)

例（3）如果理解为"若"表示转承关系，一般人都能接受；而例（4）则有一定疑问，因为其连接的是谓词性分句。"若"的假设义和转承义经常不太好辨别，由于具有相同功能的"若夫"和"若乃"功能比较单一，其转承用法又来源于"若"，所以可以联系上节"若夫"和"若乃"经常出现的语境观察"若"的语境，一般当"若"后接"则"表承接关系时，那么前面一般是假设关系，如果"若"后有多个话题连用且多个话题句式基本对称时，一般可以认定为转承关系，例如：

（5）且绝民用以实王府，犹塞川原而为潢污也，其竭也无日矣。若民离而财匮，灾至而备亡，王其若之何？(《国语·周语下》)

（6）元瑜谢其翩翩，广微惭其多识。若孝家忠国之性，友爱密慎之风，此乃夙禀生知，得之怀抱。(《汉魏南北朝墓志汇编》)

上面两例"若"后连接多个话题，且结构基本一致，是比较典型的转承关系句。当然，语言演化必然会保留源词的某些特点，我们若将其理解为假设句基本上也能说得通。

所以,"若"的演化路径为:若(假设连词)>若(承接连词)。

2. 若夫、若乃

顺承连词"若夫"和"若乃"都是由"若"复音化而来,"若夫"是由顺承连词"若"和助词"夫"结合而成,因为顺承连词"若"经常位于连接后项句首起连接作用,而助词"夫"是位于句首起提起话题作用的,先秦早期就已经产生,例如《左传·庄公十年》:"夫大国,难测也,惧有伏焉。""若"和"夫"都位于句首,且功能相近,故能结合凝定为一个词。

"若乃"则是由顺承连词"若"和"乃"同义复合而成,"乃"在先秦时期即产生并列连词用法,其连接语义比较复杂,可以表示并列、承接、递进、转折、假设等各种连接关系,也可以出现于句首表示连接关系,所以"若"和"乃"应是同义复合而成。

"若""若夫""若乃"的转承用法在先秦就已经产生,下面关于"若夫"和"若乃"的例子各举一例:

(7) 鸟兽之肉不登于俎,皮革、齿牙、骨角、毛羽不登于器,则公不射,古之制也。若夫山林、川泽之实,器用之资,皂隶之事,官司之守,非君所及也。(《左传·隐公五年》)

(8) 鲁阳公与韩构难,不亏其身,遭急近难,精通于天。若乃未始出其宗者,何为而不成?(《淮南子·览冥训》)

到近代,"若""若夫""若乃"的转承用法已不多见,现代则完全消失。

所以,"若夫"和"若乃"的演化路径为:若(承接连词)+夫(助词)>若夫(承接连词);若(承接连词)+乃(承接连词)>若乃(承接连词)。

(二) 因

"因",《说文·口部》释为:"就也,从口、大。"段玉裁注为:"就也。就下曰。就高也。为高必因丘陵,为大必就基阯。就其区域而扩充也。"《说文解字》和段玉裁注均认为其本义为动词"趋近""相就""依靠"之意,但也有不同意见者,如朱骏声《说文通训定声》则认为:"口大俱非义,江氏永曰:'象茵褥之形,中象缝线文理'。按即茵之古文。江说是也。"王力①也同意江氏的看法,认为"因"是"茵"的本字,"因"原是名词,引申为因依、因就,再变为动词;刘祥友②认为甲骨文中已经出现"因"的名词用法。对于上述两种看法,我们倾向于"因"为"茵"的本字之说。

关于顺承连词"因"的来源,王力(2003:155)认为其演化过程为:名词>动词>介词>副词>连词;刘祥友(2007:83)提出的演化过程为:名词>动词>副词>顺承连词,顺承连词由副词"因袭"义发展而来,而因果连词"因"的演化路径为:名词>动词>介词>因果连词。也就是说,王力和刘祥友的意见有不同之处,前者认为"因"的所有连词用法皆由其副词义发展而来,而后者认为只有顺承连词由副词发展而来。下面我们分析"因"是由其介词还是副词演化而来。

"因"的副词用法和介词用法早在上古时期就已经成熟,例如:

(1) 楚子杀之。其族为乱。冬,巴人因之以伐楚。(《左传·庄公十有八年》)

(2) 古之善用兵者,因天地之常,与之俱行。(《国语·越语》)

---

① 王力:《汉语史稿》,中华书局 2015 年版。
② 刘祥友:《"因"的虚化机制探析》,《湖南城市学院学报》2007 年第 5 期。

(3) 舞者操兵以斗，尽杀其从者。因以代君之车迎其妻，其妻遥闻之状，磨笄以自刺，故赵氏至今有刺笄之证，与"反斗"之号。（《吕氏春秋·孝行览》）

(4) 项王曰："此沛公左司马曹无伤言之；不然，籍何以至此。"项王即日因留沛公与饮。（《史记·项羽本纪》）

前两例是介词用法，"因"引出原因和凭借对象，后面有谓语动词；后两例为副词用法，"因"表示顺承义，相当于现代汉语的"于是、就"。"因"的副词用法是由"因 + NP$_1$ + VP + NP$_2$"而来，由于"NP$_1$"的省略形成"因 + VP + NP$_2$"结构，当原因明显或不强调动作产生的原因时，"NP$_1$"可以省略，使得"VP + NP$_2$"得以凸显。从意义上来看，"因"的副词意义和顺承关系比较接近；从结构上来看，副词用法的"因 + VP + NP$_2$"结构与顺承连词的结构一致，而顺承连词与介词用法无论在意义还是在结构上都相去甚远，所以，"因"的顺承连词用法当由其副词用法演变而来。

因此，"因"的演化路径为：因（名词：茵）> 因（动词：因就）> 因（副词：就）> 因（承接连词）。

本章小结

本章讨论了 20 个中古汉语承接连词中的 15 个，分别是：而、而后；然后、然则；若、若夫、若乃；因、因便、因而、因复、因即；于是；则；至于。

首先来看其使用情况。"而"使用频率高，功能完备，有句内连接和句间连接功能，能表时间先后和事理相承关系；"然后"多连接时间先后关系；"而后"也有句内连接和句间连接功能，多表时间先后关系；"至于"为转承连词，可以连接体词，能连接多个新话题；

"于是"使用频率较高，多表事理相承关系，主要用于话语与动作连接；"则"只用于句间连接，表事理相承关系；"然则"侧重事理相承关系，具有强烈的顺承语气；"若""若夫""若乃"为转承连词，具有多话题承接功能；"因"类顺承连词的特点是多表因果顺承关系。

  其次是顺承连词的来源与演化情况。"而"的本义和其连词义没有直接关系，看不到其演化过程，其连词用法可能是借用而来；"而后"是由跨层结构"VP_1 + 而 + 后 VP_2"演化而来；"然后"比较特殊，它是由跨句间结构"X 然，后 Y"格式重新分析而来；"至于"由动补结构"至（动词）+ 于（介词）+ NP"跨层组合而成；"于是"是由介宾结构"于（介词）+ 是（代词）"通过泛化、抽象化而来；"则"本义为"划分"，后引申出名词"法则"义，即划分的依据，再由"法则"义引申出动词"效法"义，又根据"效法"引申出连词用法；"若"的承接用法由其假设连接用法演化而来；"若夫"和"若乃"分别由承接连词"若"和助词"夫"、连词"乃"结合而成；"因"则经历了"名词＞动词＞副词＞连词"的演化过程。

第三章 中古汉语选择连词

第一节 选择连词概述

一 选择连词定义

选择连词是用于连接具有选择关系选项的连词。这种选择按照选项的确定性可以分为未定选择和已定选择，未定选择指分别说出两种或几种可能让人从中选择；已定选择指说出选定其中一种可能，舍弃另一种可能。未定选择包括限选（即二选一）和多选（即数者选一），已定选择包括先舍后取（如"与其 A，不如 B"）和先取后舍（如"宁可 A，也不 B"）。选择连词按照语气可分为陈述式选择和疑问式选择，陈述式选择指说话者表示在几个选项中进行选择，疑问式选择指说话者以提问的方式说出选项，要求对方进行选择。选择连词和其他连词的区别在于其具有选择性，说话者提出两个或多个可能性供选择使用，而并列连词侧重于意义的平等性，承接连词侧重于前后项的顺序性，递进连词侧重于前后项的递进性。

二 基本情况

中古汉语选择连词有11个：或、或当、或复；若、若或；宁、宁可；为、为当、为复、为是。其中"若或"使用频率极低，暂时不予讨论，所以我们主要讨论的是剩下的10个选择连词。这些连词中使用频率最高的为"或"，其他连词使用频率都不是很高，单音节连词使用频率一般高于双音节连词。其语法特点如表3-1所示。

表3-1　　　　　　　中古汉语选择连词的语法特点

连词位于连接项的位置	前置	或、或当、或复、若、宁、宁可、为、为当、为复、为是
	居中①	或、或当、或复、若、为、为当、为是
	后置	
连接项的句法位置	定位连词	或、或当、或复、为复
	非定位连词	若、宁、宁可、为、为当、为是
连接项的词类性质	连接体词	
	连接谓词	宁、宁可、为复
	两者皆可	或、或当、或复、若、为、为当、为是
连接的语言单位层级	句内连接	若
	句间连接	或、或当、或复、宁、宁可、为复
	两者皆可	为、为当、为是
连接项的确定性	未定选择	或、或当、或复、若、为、为当、为复、为是
	已定选择	宁、宁可
连接项的语气类型	陈述式	或、或当、或复、若、宁、宁可
	疑问式	为、为当、为复、为是

表3-1显示，中古汉语选择连词具有如下特点：第一，大部分连词位置比较灵活，既可以前置也可以居中，这些连词有"或、或当、或复、若、为、为当、为是"7个；第二，连接项的句法位置比较固定，

---

① 连词"或、或当、或复、若、为、为当、为是"既可以前置，也可以居中出现。

10个连词有4个连词为定位连词,另外6个连词虽然为非定位连词,但多单独成句,或位于主语前后,不像其他连词那样句法位置比较灵活;第三,连接项以谓词为主,有3个连词只连接谓词,7个连词既能连接体词也能连接谓词,但实际上其连接体词的频率并不高;第四,多数连词起句间连接作用,只有"若"限于句内连接,"为""为当"和"为是"既能用于句内连接也能用于句间连接,但实际上还是以句间连接为主;第五,连接项多为未定选择,只有"宁"和"宁可"为已定选择;第六,相对于近现代连词来说,中古时期的疑问式选择连词所占比重较大,10个连词中有4个连词为疑问式选择连词。

三 来源与演化概况

中古汉语选择连词大多为中古时期新产生,11个连词中单音节连词有4个:或、若、宁、为,双音节连词有7个:或当、或复、若或、宁可、为当、为复、为是。我们将重点讨论其中4个常用的单音节连词的来源和演化过程。总体上看,其来源和演化过程情况如表3-2所示。

表3-2　　　　　　中古汉语选择连词的来源和演化情况

选择连词	产生时间	来源和演化过程
或	东汉	或(名词:有地)>或(无定代词:有人/物)>或(选择连词:或者)
或当	东汉	或(选择连词)+当(词缀)>或当(选择连词)
或复	东汉	或(选择连词)+复(词缀)>或复(选择连词)
若	东汉	若(指示代词)>若(选择连词)
宁	先秦	宁(能愿动词)>宁(选择连词)
宁可	先秦	宁(能愿动词)+可(能愿动词)>宁可(选择连词)
为	东汉	为(动词:做)>为(系词)>为(语气副词:认定、确认)>为(语气副词:追究、探究)>为(选择连词)

续表

选择连词	产生时间	来源和演化过程
为当	东汉	为（选择连词）+当（词缀）>为当（选择连词）
为复	东汉	为（选择连词）+复（词缀）>为复（选择连词）
为是	东汉	为（选择连词）+是（系词）>为是（选择连词）

表3-2显示，中古选择连词的来源和演化过程具有如下特点：首先，多数选择连词在东汉时期产生，中古中后期成熟，这些连词有8个，只有"宁"和"宁可"2个连词是继承自先秦；其次，选择连词的来源较复杂，4个单音节连词的来源皆不相同，"或""若""宁""为"的源词分别为名词、指示代词、能愿动词和动词。双音节连词多为选择连词和词缀"当""复"附着而来；最后，代词和选择连词的演化关系较密切，"或"和"若"的选择连词用法均和代词相关。

第二节 使用情况

一 "或"类连词和"若"类连词

（一）"或"类连词

A. 或

"或"是中古时期使用频率最高的选择连词，徐朝红（2008）统计汉译佛经本缘部有"或"3298例。"或"不仅使用频率高，而且选择功能较全面，有如下特点。

1. 句法位置灵活

"或"作为句内连词主要有"或A或B"和"A或B"两种格式。例如：

(1) 故"凡""虫"为"风"之字，取气于风，故八日而

化,生春夏之物,或食五谷,或食众草。(《论衡·遭虎篇》)

(2) 是以百六阳九,或先或后,常数大历,准拟浅深。(《太平经》卷一)

(3) 执箭或持刀,射杀野鼍死。(《佛本行集经》卷十二)

一般情况下,"或"主要位于无主句句首位置,一般不会出现在主语前面。这可能和"或"的语法化程度较低有关系,因为"或"由无定代词演化而来,而无定代词本身经常充当主语,前面一般不会再有别的主语,所以中古时期的"或"前面一般也不会出现主语,这应当是语法化的"保持原则"造成的①。

"或"也可以作为句间连词置于连接后项前面,例如:

(4) 当尔陇贼未夷,秦妖尚蠢,雍华之民,屡相扇动,或屠没郡县,煞害王人,群行不轨,劫绝公使。(《魏晋南北朝墓志汇编》)

有时"或"在两个连接项之前,形成"或AB"格式,不过这种情况并不多见,如下例的"或"位于两个选项"痛"和"不痛"前面:

(5) 眼若在者或痛不痛,眼若无者终身长痛。(《百喻经》卷四)

2. 可以连接词、短语和句子

"或"的连接功能非常全面,可以连接各级语言单位,如例(2)连接的是词,例(3)连接短语,例(4)连接的则是句子。"或"以连接动词或动词性短语为主,但也可以连接形容词,例如:

---

① 关于语法化的"保持原则",请参看沈家煊《"语法化"研究综观》,《外语教学与研究》1994年第4期。

（6）圣人取象，或远或近，近取诸物，远则天地。（《三国志·魏书四》）

"或"连接形容词的例子极少，暂未发现连接名词的例子。"或"只连接谓词性词或短语，这同样是受"保持原则"的支配，选择连词"或"由充当主语的不定代词演化而来，不定代词后面一般连接的是谓词性成分，这也导致连词"或"很少连接体词性成分。

3. 可以是限选也可以是多选

"或"的连接项可以是二选一，也可以是多选一，两种情况都比较常见，例如：

（7）凡人之行，或有力行善，反常得恶，或有力行恶，反得善，因自言为贤者非也。（《太平经》卷十八至三十四）

（8）若复有人，能以信心，以一掬水，供养于佛，或用施僧，或奉父母，或丐贫穷，给与禽兽，此之功德，历劫不尽。（《贤愚经》卷一）

（9）所以遇不遇非一也：或时贤而辅恶；或以大才从于小才；或俱大才，道有清浊；或无道德而以技合；或无技能，而以色幸。（《论衡·逢遇篇》）

"或"对连接项没有限制，如例（9）的选择项达到了五项之多。

4. 用于客观描述

"或"连接的选项一般是对于客观事实或状态的描述，很少带上主观色彩，例如：

（10）今下古得流灾众多，不可胜名也。或一人有百病，或有数十病。（《太平经》卷七十二）

(11) 冠先，宋人也。钓鱼为业。居濉水旁，百余年，得鱼，或放，或卖，或自食之。(《搜神记》卷一)

"或"一般用于前一分句进行总体原因或状况描述，后一分句对前句进行列举式的描述，分述各种状态或动作，很少带上个人情感色彩。这种情况也是受源词无定代词"或"的影响所致，因为无定代词经常用于分述各种人或事物的事实，所以使得选择连词"或"具有了这一色彩。"或"的客观描述性还表现在它一般出现在第三人称承前省略的句子中，不会用于第一、第二人称，因为第三人称相对于第一、第二人称更具有客观性。

5. 连接项具有对称性

"或"的连接项的结构一般相同或相似，具有对称性，上例基本如此，再举两例：

(12) 故"凡""虫"为"风"之字，取气于风，故八日而化，生春夏之物，或食五谷，或食众草。(《论衡·遭虎篇》)

(13) 攸攸远基，世纲珠玮，或刚其帝，或制三槐。(《魏晋南北朝墓志汇编》)

"或"的连接项大部分字数基本相同，语义相似、相对或相关，结构基本一致，当然这种对称性不是非常严格的对称。

6. 以并用为常

多个"或"经常并用，连接多项选择项，"或"单用的情况比较少，姚尧[①]发现先秦还没有出现单用的例子，从中古时期开始有少量独用的例子：

---

① 姚尧：《"或"和"或者"的语法化》，《语言研究》2012年第1期。

(14) 削去皮子，于芥子酱中，或美豆酱中藏之，佳。(《齐民要术·种瓜》)

(15) 正月一日，或十五日，以砖石著李树歧中，令实繁。(《齐民要术·种李》)

"或"的这种用法同样是受源词影响，由于"或"由无定代词演变而来，而且多用于分指，所以在演化初期其选择连词用法独用情况也比较少。

B. 或当、或复

"或当""或复"使用频率极低，后者数量略高于前者。其分布情况如表 3-3 所示。

表 3-3　　　　　　　"或当""或复"的分布情况　　　　　　　单位：例

	《论衡》	《太平经》	《三国志》	《古小说钩沉》	《宋书》	《颜氏家训》
或当	2	3	2	2	0	1
或复	0	2	0	1	2	1

	《修行本起经》	《撰集百缘经》	《长阿含经》	《百喻经》	《贤愚经》	《佛本行集经》
或当	0	0	0	0	0	5
或复	0	0	7	1	5	310

表 3-3 显示，"或当"和"或复"在中土文献中出现比例不高，其中"或当"在中土文献分布较均衡，"或当"很少出现于汉译佛经中；"或复"在汉译佛经中出现比例明显高于"或当"，其中《佛本行集经》达到 310 例。"或当"和"或复"用法与"或"有相似之处。下面各举几例：

(1) 今是水泉，或当流，或当通，又言闭塞穿凿之几何也？(《太平经》卷四十五)

(2) 卿相毁辱而夺我妇，世世所在，与卿作怨。或当危害或

加毁辱，终不相置。(《生经》卷一)

（3）何故今者此莲花城，如是庄严不可思议？或当有人欲于此城作无遮会，或复祭祀诸星宿天，或作吉祥，或作福业，或是时节婆罗门会，或当是此城内人民，闻我名声，多解多知，谓言我来于此，欲共诸婆罗门，问难论义，而复无有一人念我，或复恭敬礼拜于我？(《佛本集行经》卷三)

（4）或一日一食，或二日、三日、四日、五日、六日、七日一食；或复食果，或复食莠，或食饭汁，或食麻米，或食穄稻，或食牛粪，或食鹿粪，或食树根、枝叶、果实，或食自落果。(《长阿含经》卷八)

（5）狱卒阿傍，取诸罪人，种种治之，或以刀斫，或以车裂，分坏其身，作数千段。或复臼捣，或复磨之，刀山剑树，火车镬汤，寒水沸屎，一切备受。(《贤愚经》卷一)

（6）如余沙门、婆罗门食他信施，行遮道法，邪命自活，召唤鬼神，或复驱遣，或能令住。(《长阿含经》卷十三)

（7）或有悲结吐血死者，或有愕住无所识者，或自剪拔其头发者，或复攫裂其衣裳者，或有两手攫坏面者，啼哭纵横，宛转于地。(《贤愚经》卷六)

"或当"和"或复"的用法与"或"的用法基本相同，可以表限选或多选，可以连接词、短语和句子，用于客观描述。但"或"和"或复"属于定位连词，只位于无主句句首位置，它们经常复用或和其他"或"类选择连词联合使用，很少单独使用。

"或复""或当"由"或"加词缀"复""当"复音化而来，"或当"还可以作副词表"或许"义，例如：

（8）若金丹一成，则此辈一切不用也。亦或当有所教授，宜

得本末，先从浅始，以劝进学者，无所希准阶由也。(《抱朴子·内篇·遐览卷》)

（9）比有北信，贼犹治兵在彭城，年已垂尽，或当未必送死。(《南齐书·列传第五》)

"或复"还残留有无定代词的用法，而"或当"没有，例如：

（10）或复有言："此世间非有常非无常，唯此为实，余者虚妄。"或复有言："此世间有边，唯此为实，余者为虚妄。"(《长阿含经》卷十二)

（二）若

选择连词"若"出现频率不高，在汉译佛经中出现的比例高于中土文献，其用法有如下特点。

1. 有"若A若B""若AB""A若B"三种使用形式

"若"可以置于每一连接项前面，可以只位于第一个连接项前面，也可以位于连接项中间，例如：

（1）欲得几种兵？若千若万，若至无数？(《修行本起经》卷上)

（2）太子琉璃，皇女金刚，若疾若亡，王当云何？(《中本起经》卷下)

（3）沙门瞿昙，为四部众而设拥护。所以者何？若善男子、善女人，受是神咒。(《生经》卷二)

（4）天行已疾，去人高远，视之若迟，盖望远物者，动若不动，行若不行。何以验之？(《论衡·说日篇》)

例（1）和例（2）为"若A若B"式，例（3）为"若AB"式，例（4）为"A若B"式，上述三种用法中，"若A若B"式使用频率最高，其他两种出现次数都不多。"若A若B"式中的连接项最常见的是A和B均为单音节的反义、同义或相关词汇，再看三例：

(5) 若有能得一切施王，若杀若缚将来至此，吾当重赏随其所须，一切给与。（《菩萨本缘经》卷上）

(6) 菩萨在胎，其菩萨母，所见众生，若男若女，被鬼所持。（《佛本集行经》卷七）

(7) 譬如有一大身众生，有大威德，有大气力，卧于地上，宛转自仆，其地不损，若减若破。（《佛本集行经》卷七）

2. 可以限选也可以多选

"若"的连接项主要为两项，有时候也有三项或多项选择，例如：

(8) 菩萨在胎，母若行坐若眠若起，皆得安乐，身不受苦，此是菩萨未曾有法。（《佛本集行经》卷七）

(9) 大婆罗门！汝能为我办少许食，活我已不？若小豆臛、大豆、菉豆、赤豆等羹，而我食之，持用活命。（《佛本集行经》卷二十四）

(10) 若天、龙、鬼神、阿修罗、乾闼婆、迦楼罗、紧那罗、摩睺罗伽、沙门、婆罗门，若老若少，悉无得离是终殁者。（《菩萨本缘经》卷上）

当连接项较多时，主要使用"若AB"式。

3. 同形关联为主

选择连词"若"很少和其他连词联合使用，我们只找到1例

144

“若”和“或”联合使用的异形关联的例子：

(11) 我等不用钱财珍宝，唯须是象乘之入山，求觅好华供养诸天已，当令众生若生天上或入涅槃。(《菩萨本缘经》卷上)

4. 可以连接体词和谓词

从上例可以看到，“若”可以连接体词和谓词，体词如“若善男子、善女人”“若男若女”“若小豆臛，大豆、菉豆、赤豆等羹”；谓词如“若疾若亡”“若减若破”“若行坐若眠若起”。由于其可以连接体词和谓词，所以这些连接项句法功能也比较灵活，可以充当句子主语、谓语、定语或单独成句等。

二　“宁”类连词

(一) 宁

“宁”是中古时期产生的选择连词，使用频率不高，在中古早期的文献中用例极少，西晋以后开始有一些用例，如《三国志》有5例，《生经》有1例，《抱朴子》有6例，中古后期使用频率较中期略高一些，但也远不如“或”类连词。

1. 为前置非定位连词

“宁”一般出现于连接前项，句法位置主要位于主语后面谓语前面，有时也出现于主语前面。例如：

(1) 故灵龟宁曳尾于涂中，而不愿巾笥之宝；泽雉乐十步之啄，以违鸡鹜之祸。(《抱朴子·外篇·博喻卷》)

(2) 汝刘备庸才耳，岂能敌邪！我宁为国家鬼，不为贼将也。(《三国志·魏书十八》)

(3) 太祖闻其食器声，以为图己，遂夜杀之。既而凄怆曰："宁我负人，毋人负我！"（《三国志·魏书一》）

(4) 早栽者，叶晚出。虽然，大率宁早为佳，不可晚也。（《齐民要术·栽树》）

上面例（1）和例（2）的"宁"位于主语后，例（3）的"宁"位于主语前，位于主语前的例子极少。多数情况下"宁"位于无主句句首，有时"宁"前有状语修饰全句，如例（4）的"大率"。

"宁"一般位于连接前项之前，只有极个别例子位于连接后项之前，例如：

(5) 愿父今者莫杀我母，宁杀我身，以代母命。（《杂宝藏经》卷一）

2. 为限选连词

"宁"只连接只此非彼的双项选择，一般不会出现多项选择，上例皆是如此。

3. 为已定选择

"宁"为先取后舍的已定选择，即说话者选择其中一种选项，舍弃另外一种选项。形式上表现为连接前项为肯定结构，连接后项一般为否定结构，形成"宁……不……"结构，例如：

(6) 夫仁义岂有常，蹈之则君子，背之则小人。今日宁与臧洪同日而死，不与将军同日而生！（《三国志·魏书七》）

(7) 宏叹曰："宁逢恶宾，不逢故人。"（《西京杂记》卷一）

(8) 种枲太早，则刚坚、厚皮、多节；晚则皮不坚。宁失于早，不失于晚。（《齐民要术·种麻》）

有时候，选择连词"宁"出现在正反问句中，例如：

（9）人展转自相度，其所生者宁有断绝时不？释提桓因言："无有断绝时。"（《道行般若经》卷一）

（10）是时，有人来问我师："向群车过，宁见不耶？"对曰："不见！"（《长阿含经》卷三）

这种正反问实际上是选择问的一种紧缩形式，如"宁见不耶？"应该是"宁见不见耶？"的缩写形式，后面的"不见"由于与前面的"见"形式相同，受经济原则影响故省去。因此，这种正反问句实际上是选择问的一种特殊形式。

4. 连接谓词性词成分

"宁"只连接谓词性成分，一般以连接句子为主，有时候也连接单音节词形成紧缩句，例如：

（11）臣闻先王之政，常不僭，刑不滥，与其不得已，宁僭不滥。（《后汉书·郭陈列传》）

（12）若水旱不调，宁燥不湿。（《齐民要术·耕田》）

（13）土薄火炽，则令酱焦；熟迟气味美好。是以宁冷不焦；焦，食虽便，不复中食也。（《齐民要术·黄衣、黄蒸及糵》）

（14）亦以真珠砂一两，麝香一两，别治，细筛，都合调。下铁臼中，宁刚不宜泽，捣三万杵，杵多益善。（《齐民要术·煮胶》）

"宁"后的连接项以动宾短语为主，也有一些状中结构，例如：

（15）至乃叹曰："宁为刑罚所加，不为陈君所短。"（《后汉

书·荀韩钟陈列传》）

到中古后期，"宁"的连接项越来越多，出现连接复句的功能，这也是"宁"的选择功能复杂化的表现，例如：

(16) 宁舍居家，入于山林，莫舍山林，还入家居。（《佛本行集经》卷二十一）

(17) 我若本知有是厄难，宁住在彼，餐啖牛粪，用为活命，不为求财而来此也。（《佛本行集经》卷四十九）

5. 带有主观情感

选择连词"宁"带有强烈的主观情感，说话者用它表达只此非彼的选择，这种情感常表现在连接项之间意义的对比上，例如：

(18) 后密与臣议策质，国人不协，或欲西通，鲁即怒曰："宁为魏公奴，不为刘备上客也。"（《三国志·魏书二》）

(19) 汝刘备庸才耳，岂能敌邪！我宁为国家鬼，不为贼将也。（《三国志·魏书十八》）

(20) 宁洁身以守滞，耻胁肩以苟合。（《抱朴子·外篇·名实卷》）

(21) 毛伯成负其才气，常称："宁为兰摧玉折，不作萧敷艾荣。"（《古小说钩沉·裴子语林》）

上例"宁"连接的前后项具有意义的极端对立性，如"为魏公奴"与"为刘备上客"，"为国家鬼"与"为贼将"，"洁身以守滞"与"胁肩以苟合"，"为兰摧玉折"与"作萧敷艾荣"，正是这种语义上的极端对立，表达出说话者的强烈感情。当然，说话者的主观感情还体现在句子前后语句中的其他实词或虚词上，如例（18）的"怒"，例（19）的"岂"，例（20）的"耻"，这些词从侧面表现了说话者的强烈主观情感。

（二）宁可

"宁可"大约是"宁"与能愿动词"可"同义复合而成，使用频率不高，其分布情况如表3-4所示。

表3-4　　　　　"宁可"的分布情况　　　　　单位：例

《太平经》	《三国志》	《抱朴子》	《搜神记》	《宋书》	《颜氏家训》
14	4	3	5	13	1
《中本起经》	《六度集经》	《生经》	《长阿含经》	《贤愚经》	《佛本行集经》
2	3	4	57	8	2

表3-4显示，"宁可"在汉译佛经和中土文献中分布比较均衡，除了《长阿含经》有57例有点特殊，其他文献中的用例都不是很多。

"宁可"的用法与"宁"大致相同，也为非定位、前置、限选连词，带有主观情感。其连接后项多为否定选项，形成"宁可A，不B"结构，例如：

(1) 凡人家营田，须量己力，宁可少好，不可多恶。（《齐民要术·杂说》）

(2) 宁可共汝死，不欲生离汝。（《佛本行集经》卷四十八）

有时"宁可"可以连接否定项，后项再接肯定选项，形成"A，宁可莫B"例如：

(3) 我等今者若求自身，此最为胜，宁可莫求彼之妇女。（《佛本行集经》卷三十九）

有时否定项不直接出现，只有肯定项，例如：

（4）经历年岁，厌心内发，而作是言："我等诸人！虽蒙僧福得延余命，苦事犹多。"咸作是念："我等今者，宁可从佛求索出家。"（《贤愚经》卷五）

（5）等死，当战死，宁可坐受困乎？（《魏书·列传第十八》）

（6）今之议者，咸以丈夫之气耻居物下，况我天威，宁可先屈？（《南齐书·列传第二十九》）

例（4）否定项隐含于前一复句中，即"我等诸人！虽蒙僧福得延余命，苦事犹多"。后两例的否定项则由反问句形式来表达，"宁可坐受困乎？"和"宁可先屈？"表达的是"不可坐受困"和"不可先屈"之意。

"宁可"也用于正反问来表达选择之意，例如：

（7）我等欲一面觐舍利，及未阇维，宁可见不？（《长阿含经》卷四）

（8）优填白佛，说六师辞："世尊！宁可与捔之不？"（《贤愚经》卷二）

三 "为"类连词

（一）为

"为"是上古时期产生的选择连词，中古时期继续沿用，使用频率不高，但分布比较均衡，其分布情况如表3-5所示。

表3-5　　　　　　　　　"为"的分布情况　　　　　　　　单位：例

《撰集百缘经》	《生经》	《长阿含经》	《后汉书》	《古小说钩沉》	《百喻经》
1	1	5	2	1	2
《南齐书》	《宋书》	《贤愚经》	《杂宝藏经》	《魏书》	《佛本行集经》
2	8	4	1	3	14

表3-5显示，选择连词"为"在汉译佛经中的用例略多于中土文献，其中出现次数最多的是《佛本行集经》，14例。总体上来看，"为"在中古早期用例极少，中古中后期略有增加。

1. 有固定结构

选择连词"为"有两种格式，分别为"为A？为B？""A？为B？"。其中"为A？为B？"格式数量最多，"A？为B？"次之。例如：

(1) 若应用者，为各用一？为应用两？（《宋书·志第四·礼一》）

(2) 若然，将以何事致之？为欲修身改俗，为欲仍染前事？（《魏书·列传第九·献文六王》）

(3) 一切沙门、婆罗门尽除调戏在灭迹耶？为不除调戏在灭迹耶？（《长阿含经》卷十）

(4) 未详今皇后除心制日，当依旧更服？为但释心制中所著布素而已？（《宋书·志第五·礼二》）

(5) 欲作帝释转轮王乎？为欲求作魔王梵王？（《贤愚经》卷一）

例（1）和例（2）为"为A？为B？"格式，例（3）、例（4）、例（5）为"A？为B？"格式。

2. 为非定位连词

"为"一般只出现在无主句句首位置，前面五个例子均是如此。句子有主语时"为"可以出现在主语前面或者后面，位于主语后的例子比主语前多。例如：

（6）亭长为从汝求乎？为汝有事嘱之而受乎？将平居自以恩意遗之乎？（《后汉书·卓鲁魏刘列传》）

（7）汝为病耶？为着风耶？何以眼瞤？（《百喻经》卷二）

（8）卿为欲朕和亲？为欲不和？（《南齐书·列传第二十六·宗室》）

（9）杨运长、阮佃夫为有罪邪？为无罪邪？若其无罪，何故为戮？若其有罪，讨之何辜？（《宋书·列传第三十二·文九王》）

（10）此道、彼道皆称真正，皆得出要，至于梵天，为沸伽罗娑罗婆罗门所说为是？为多梨车婆罗门所说为是耶？（《长阿含经》卷十六）

上面例（6）例（7）例（8）例（9）为"为"在主语后，例（10）为"为"在主语前。出现在主语后的例子均是第一句有一个大主语，管辖后面两个"为"连接项。

3. 为疑问式选择

"为"只出现在疑问句中，用于有疑而问选择，这和其他选择连词形成互补。中古时期其他连词多用于陈述句，如"或""若"；"宁""宁可"带有强烈的感情色彩，主要用于陈述句、反问句和感叹句。"为"出现在有疑而问的疑问句中正好和这些连词在功能上互相补充，使中古时期的选择表义手段更加丰富。上面例子都是"为"用于疑问句的例子，这里不再举例。

4. 多表判断义

"为"的原词为判断义动词，受保持原则影响"为"作为选择连词时也多带有判断义，例如：

（11）所食是新肉？为干肉乎？（《贤愚经》卷四）

（12）夫得道者，为在家得，为出家得乎？（《杂宝藏经》卷九）

（13）为我辩说此由，为我童子，有于灾祸不祥事乎？为自身祟？为从外来？（《佛本行集经》卷十）

（14）尊者何求故屈到此？为须衣耶？为须食乎？为复求须其余诸事？（《佛本行集经》卷九）

上例的"为"都带有判断义，但这种判断义存在程度上的差别，例（11）为具体事物性质的判断，例（12）为具体处所判断，例（13）为抽象处所判断，例（14）为目的义判断。从例（11）到例（14）的判断性质具有抽象化程度加深的特点。

5. 可用于多项选择

"为"的选择项多用于双项选择，但有时也有多项选择，例如：

（15）我今问汝，随汝意答，今上日月，为此世耶？为他世耶？为人、为天耶？（《长阿含经》卷七）

（16）过去诸佛，多陀阿伽度、阿罗诃，三藐三佛陀，为转金轮，为转银轮，转颇梨轮，转琉璃轮？为当转于赤真珠轮，转马瑙轮，转砗磲轮，转虎珀轮，转珊瑚轮，转七宝轮，为转木轮？（《佛本行集经》卷三十四）

（17）汝是谁也？为是天耶？为是龙耶？为野叉耶？为乾闼婆？为阿修罗？为迦楼罗？为紧那罗？为是摩睺罗伽？为是帝释憍尸迦耶？为是天尊大梵王耶？（《佛本行集经》卷四十九）

例（15）为四项选择，但前两项"为此世耶？为他世耶？"为一类，后两项"为人、为天耶？"为一类，所以实际上是两个双项选择的合并；例（16）"为"连接了五个连接项，"为当"连接六个选择项，共十一个选择项；例（17）"为"直接连接了十个选择项。

(二) 为当、为复、为是

"为当""为复""为是"由"为"同"当""复""是"复音化而来,"为当"和"为复"由"为"添加词缀"当"和"复"而来,"为是"是由"为"和"是"同义复合而来。三者使用频率都不如"为"高,其分布情况如表3-6所示。

表3-6　　"为当""为复""为是"的分布情况　　单位:例

	《撰集百缘经》	《长阿含经》	《宋书》	《贤愚经》	《佛本行集经》
为当	1	1	1	1	12
为复	0	0	0	0	4
为是	7	8	0	0	2

表3-6显示,"为当""为复""为是"三者主要出现于汉译佛经中,中土文献只有《宋书》中发现1例。其中"为当"和"为是"使用频率稍高,"为复"只在《佛本行集经》中出现4例,虽然"为是"在《撰集百缘经》和《长阿含经》中出现频率较高,但其中有些句子为重复出现,所以"为是"真正出现的频率还不如"为当"高。

1. 为当

先看几个例子:

(1) 臣所总秉,三万六千,王为当都去,将半去耶?(《贤愚经》卷七)

(2) 臣等所领三万六千诸小王辈,为当都去,将半来耶?(《撰集百缘经》卷九)

(3) 如来为当出世,为未出世?(《长阿含经》卷十)

(4) 未详毁灵立庙,为当祔与不?(《宋书·志第七·礼四》)

(5) 此人为是独一家法使其如是?为当一切诸世间相悉皆如斯?(《佛本行集经》卷十四)

(6) 此人为当独一家法?为当一切世间众生悉有是法?(《佛

本行集经》卷十五)

(7) 于汝意云何？识为当常？为当无常？(《佛本行集经》卷三十四)

上例显示，"为当"位于主语后的例子较多，如例(1)例(3)例(5)例(6)例(7)，也可以位于主语前，如例(4)。"为当"也有"为当A，B"格式，如例(1)和例(2)；"为当"可以与"为是"搭配使用，如例(5)；"为当"可以用于"为当A与不?"问句中，如例(4)。

2. 为复

先看几个例子：

(8) 尊者何求故屈到此？为须衣耶？为须食乎？为复求须其余诸事？(《佛本行集经》卷九)

(9) 此何徵祥？为凶为吉？是何果报？为复我身寿命欲尽？为共圣子恩爱别离？(《佛本行集经》卷十六)

(10) 为汝在前，欲共我斗？为复令我在前害汝？(《佛本行集经》卷二十九)

上例显示，"为复"多与"为"结合使用，例(8)例(9)和例(10)皆是如此；另外，"为复"多用于多项选择中，如例(8)有四个连接项。

3. 为是

先看几个例子：

(11) 世尊！昨夜光明，照于祇桓，为是梵释四天王乎？二十八部鬼神将也？为是他方诸大菩萨来听法耶？(《撰集百缘经》卷五)

(12) 世尊！昨夜光明，照于世尊，为是释梵转轮圣王、二十八部鬼神将耶？(《撰集百缘经》卷六)

(13) 昨夜光明，殊倍于常，为是帝释梵天四天王乎？二十八部鬼神大将也？(《撰集百缘经》卷六)

(14) 卿为是天龙鬼神乎？(《撰集百缘经》卷十)

(15) 汝知彼女为是刹利女，为是婆罗门、居士、首陀罗女耶？(《长阿含经》卷十六)

(16) 彼沙门、婆罗门所言为是诚实，为应法不？(《长阿含经》卷十七)

(17) 遮他说法，使不得果，不得生天。为是善心，为不善心耶？(《长阿含经》卷十七)

(18) 汝是谁也？为是天耶？为是龙耶？为野叉耶？为乾闼婆？为阿修罗？为迦楼罗？为紧那罗？为是摩睺罗伽？为是帝释憍尸迦耶？为是天尊大梵王耶？或能见我在于厄难，怜愍我辈故来至此，欲来救拔我等苦也。(《佛本行集经》卷四十九)

上例显示，"为是"有"为是AB"和"为是A？为是B？"两种格式，前者数量较多，如例(12)例(13)例(14)例(17)，后者如例(18)，有些是两种格式的结合使用，如例(11)例(15)。多数情况下"为是"常常与"为"和"为当"结合使用，如例(15)例(16)例(17)例(18)。

第三节 来源与演化过程

一 或、若

(一) 或

1. 动词"或"

"或"，《说文·戈部》："邦也，从口从戈，以守一。一，地也。"

段玉裁注为:"邦也,邑部曰,邦者,国也。盖或国在周时为古今字……既有国字,则国训邦,而或但训有。汉人多以有释或。""或"本义为"国",有守国或守地之义,后由动作"有地"泛化、抽象化为一般的"拥有""具有"动作义。例如:

(1) 甘酒嗜音,峻宇雕墙。有一于此,未或不亡。(《尚书·五子之歌》)

(2) 非汝封刑人杀人,无或刑人杀人;非汝封又曰劓刵人,无或劓刵人。(《尚书·康诰》)

上古时期"或"的意义"有地"的宾语进一步泛化,扩展到"有人""有些人""有的""有些"等无定代词义,例如:

(3) 自时厥后,亦罔或克寿:或十年,或七、八年,或五、六年,或四、三年。(《尚书·无逸》)

(4) 尔羊来思,其角濈濈;尔牛来思,其耳湿湿。或降于阿,或饮于池,或寝或讹。(《诗经·小雅·无羊》)

上例是无定代词"或"的典型用法,它一般位于无主句句首连用,分指不同的动作或状态。

2. 副词"或"

"或"常用于无主句句首,后面连接谓语动词,这正是副词的典型位置,慢慢其指代义被磨蚀,产生了副词用法,表"或许"义,修饰限制后面的动词。例如:

(5) 君人者,将昭德塞违,以临照百官,犹惧或失之,故昭令德以示子孙。(《左传·桓公二年》)

(6) 其神或岁不至，或岁数来。(《史记·封禅书》)

例（5）"或"位于动词"惧"后，修饰限制后面的"失之"，是典型的副词用法；例（6）的"或"前面有主语"其神"，"或"主要修饰限制其后的"岁不至"和"岁数来"，也可以看成副词。

3. 连词"或"

学术界一般认为"或"的选择连词用法由其无定代词用法演化而来，但具体如何演化还存在一定分歧，如李英哲、卢卓群[①]和席嘉[②]提出其演化路径为：不定指代词→副词（表示不特定的时间）→连词（连接不特定的情况），姚尧[③]提出的演化路径为：无定代词→分指代词→选择连词。上述演化路径的分歧点在于选择连词是否经历了副词阶段。我们倾向于没有经历副词阶段，原因有三。首先，"或"作副词的使用频率不如无定代词多，我们能够确定为副词的例子有一些，但和无定代词比较起来差距十分大，根据语法化的频率原则，使用频率高的词更容易虚化，所以无定代词演变为选择连词的概率更大。其次，副词的主要语法功能是作状语修饰限制其后的动词（词组），形成状中结构，状语和中心语的结合较紧；选择连词主要连接两个分句，起句间连接作用，连词和作为连接项的句子之间的结合较松散。从连接成分的紧密度来看，分指代词和选择连词更接近，更可能演变为选择连词。最后，副词"或"前面经常出现主语，如"天或启之，必将为君"（《左传·宣公三年》），而直到中古时期选择连词"或"很少带主语。

姚尧之所以认定选择连词"或"来源于无定代词用法，主要有三

[①] 李英哲、卢卓群：《汉语连词发展过程中的若干特点》，《湖北大学学报》（哲学社会科学版）1997 年第 4 期。
[②] 席嘉：《近代汉语连词》，中国社会科学出版社 2010 年版，第 92 页。
[③] 姚尧：《"或"和"或者"的语法化》，《语言研究》2012 年第 1 期。

个方面的原因：首先，上古汉语中的无定代词"或"常常并列使用，列举同时或分别出现的情况；其次，几个并列的"或"在复句或语篇层面上常常有一个更大的主语或话题管控这些连接项，如例（4）的"羊"和"牛"；最后，无定代词"或"多置于名词前，这和其连词用法一致。上述观点表明了"或"与无定代词用法一脉相承，和副词用法相隔甚远。

所以，我们认为选择连词"或"的演化路径为：或（名词：有地）＞或（无定代词：有人/物）＞或（选择连词：或者）。

（二）若

"若"可以充当承接连词，在承接连词章节中我们讨论过其来源，"若"最初为动词，后引申为"择菜"之"择"，后又假借为"如、然、乃"以及"兼及之词"，"兼及之词"也就是连词，连词为其假借义，与本义关系不大。

我们认为选择连词"若"可能来源于其指示代词用法，因为指示代词演化为选择连词已有先例，如"或"即由其无定代词用法演化而来。根据《汉语大词典》的用例，早在上古时期，"若"就产生了指示代词用法，有"他（的）""他们（的）""这""如此""这样的"等义项，既可以连接体词性成分，也可以连接谓词性成分，这和其选择连词用法一脉相承，例如：

（1）今王嗣受厥命，我亦惟兹二国命，嗣若功。（《尚书·召诰》）

（2）殷有比干，吴有子胥，齐有狐援。已不用若言，又斮之东闾。（《吕氏春秋·贵直论》）

（3）君子哉若人！尚德哉若人！（《论语·宪问》）

（4）尔惟旧人，尔丕克远省，尔知宁王若勤哉！（《尚书·大诰》）

(5) 以若所为，求若所欲，犹缘木而求鱼也。（《孟子·梁惠王上》）

例（1）例（2）例（3）的"若"指人或事物，例（4）例（5）指动作。指示代词后面一般接词或词组，这与其选择连词用法一致，当出现指称多个人或事物时，"若"就有可能演变为选择连词。

所以，"若"的演化路径为：若（指示代词）＞若（选择连词）。

二 宁、为

（一）宁

"宁"为"寧"的简化字，《说文·宁部》："愿词也。"即"宁"最初为能愿动词，在先秦文献中用例较多，例如：

(1) 乃如之人兮，逝不古处？胡能有定？宁不我顾。（《诗经·邶风·日月》）

(2) 小人耻失其君而悼丧其亲，不惮征缮以立圉也，曰："必报仇，宁事戎狄。"（《左传·僖公十五年》）

(3) 公曰："民死，寡人将谁为君乎？宁独死。"（《吕氏春秋·制乐》）

由于"宁"是表心理活动的能愿动词，带有强烈的主观意愿，经常被用来表示说话人对客观事实或意愿的看法，从而产生了对心理意愿的选择问题，因此常用于表选择意向，表达说话人心里对两件事情的选择，愿意干什么，不愿意干什么。这种选择句主要有两种形式：一是"宁A，不/无B"，二是"A，宁B"。首先来看第一种类型：

(4) 宁信度，无自信也。(《韩非子·外储说左上》)

(5) 宁溘死而流亡兮，不忍为此之常愁。(《楚辞·悲回风》)

(6) 愿自沉于江流兮，绝横流而径逝，宁为江海之泥涂兮，安能久见此浊世。(《楚辞·沉江》)

"宁A，不/无B"是上古时期最常用的类型，使用频率远比"A，宁B"高，出现这种情况，与人们表达意愿的认知顺序相关，人们表达自己的喜好或选择时，习惯于先说出选择项，然后否定非选择项，特别是这种主观意愿特别强烈时，一般遵循先主后次这一顺序。当然，有时候人们为了突出选择项，也可以先说出非选择项，再说出选择项，以形成对比强调选择项的效果，于是形成了第二种类型"A，宁B"，例如：

(7) 与其杀不辜，宁失不经。(《尚书·大禹谟》)

(8) 礼，与其奢也，宁俭；丧，与其易也，宁戚。(《论语·八佾》)

(9) 民死，寡人谁为君乎？宁独死耳。(《淮南子·道应训》)

所以，"宁"的演化路径为：宁（能愿动词）＞宁（选择连词）。

(二) 为

"为"，《说文·爪部》："母猴也。其为禽好爪。爪，母猴象也。下腹为母猴形。"《说文解字》认为"为"的本义为母猴，这与其常用义判断系词相去甚远。现在一般认为"为"的本义当是"做"（王力[1]；孙锡信[2]），是一个动作动词，后虚化为系词。

---

[1] 王力：《汉语史稿》，中华书局2015年版。
[2] 孙锡信：《汉语历史语法要略》，复旦大学出版社1992年版，第309页。

关于选择连词"为"的来源,学术界有许多争议,主要有如下几种看法。1. 系词说。李崇兴[①]、柳士镇[②]等人认为"为"的选择用法由系词直接演变而来。2. 假设连词说。梅祖麟[③]认为"为"经历了系词到假设连词到选择连词的演化过程。3. 疑问副词说。太田辰夫[④]认为经历了系词到疑问副词再到选择连词的演化过程。4. 语气副词说。赵长才[⑤]认为其演化路径为:系词>语气副词(表示认定、确认)>语气副词(表追究、探究)>选择连词。

我们同意语气副词说,因为从意义上来说,"为"作语气副词和选择连词都出现在对话语体中,问话者经常要探究哪一个选项符合事实,希望听话人在两个提供的选项中选择一个作为回答。看两个例子:

(1) 尔时,阿那邠邸长者白世尊曰:"修摩提女为满富城中满财长者所求,为可与?为不可与乎?"(《增壹阿含经》卷二十二)

(2) 复次,若言生死有初始者,此初身者,为从善恶而得此身?为不从善恶自然有耶?(《大庄严论经》卷一)

上例的"为"连接项均为相对或相关项,说话者提供两个选择让听话者选择。随着选择义的增强,其探究语气逐渐弱化,后来这种听说者的探究义被选择义替换,从而产生了选择连词用法。当然,由于

[①] 李崇兴:《选择问记号"还是"的来历》,《语言研究》1990年第2期。
[②] 柳士镇:《魏晋南北朝历史语法》,南京大学出版社1992年版。
[③] 梅祖麟:《现代汉语选择问句法的来源》,载梅祖麟《梅祖麟语言学论文集》,商务印书馆2000年版。
[④] [日]太田辰夫:《汉语史通考》,江蓝生、白维国译,重庆出版社1991年版。
[⑤] 赵长才:《中古汉语选择连词"为"的来源及演变过程》,《中国语文》2011年第3期。

受源词用法影响，选择连词用法一直只出现在疑问句中。

所以，"为"的演化路径为：为（动词：做）＞为（系词）＞为（语气副词：认定、确认）＞为（语气副词：追究、探究）＞为（选择连词）。

本章小结

本章讨论了中古汉语 10 个选择连词的使用情况、来源及演化过程，这 10 个连词分别是：或、或当、或复；若；宁、宁可；为、为当、为复、为是。

首先来看选择连词的使用情况。"或"使用频率最高，语法功能完备，能前置或居中，连接各级语法单位，可以限选也可以多选，其特点是用于客观描述，连接项在结构上具有对称性；"或当"和"或复"使用频率不高，语法功能和"或"基本一致；"若"有"若A若B""若AB""A若B"三种固定的结构形式，可以连接体词和谓词，用法比较灵活；"宁"和"宁可"为已定选择连词，表示取此舍彼之意，带有较强烈的主观情感；"为"属于疑问式连词，有"为A？为B？""A？为B？"两种格式，其连词用法还残留有判断动词特征，作选择连词时有的还有判断义；"为当""为复""为是"用法同"为"基本一致，"为当"多用于主语后，"为复"多与"为"结合使用，"为是"多用于"为是AB"格式。

其次来看选择连词的来源及演化过程。"或"经历了名词、无定代词和连词的演化过程，从其使用频率和语法功能上来看，"或"的连词化没有经历副词阶段的演化；"或当"和"或复"均由选择连词"或"附加词缀而成；"若"的本义与连词用法没有关系，它是由其指示代词用法演化而来；"为"的连词化过程有很多争议，从其用法和出现的句法环境考虑，我们认为"为"的语气副词用法与连词用法的契合度更高，所以认为选择连词"为"由语气副词演化而来；"宁"的语法化过程相对简单，它是由能愿动词演化而来，从意义上来看，能愿动词经常用来表达心理意愿，对不同选项进行选择。从语义上来看，从能愿动词到选择连词的演化过程非常明晰。

第四章　中古汉语递进连词

第一节　递进连词概述

一　递进连词定义

递进连词是表示事物具有更进一层关系的连词，这种关系包括由少到多、由小到大、由轻到重、由浅到深、由易到难等，反之亦然。席嘉（2010：100）认为递进连词包括预递连词和承递连词，预递连词是连接作为基点的前置部分，预示后面的递进关系（如"不但"）；承递连词则是连接后续进层部分的连词。承递连词又分为两类，一类是表达由浅到深的一般递进关系（如"而且"），另一类是通过追加事项或理由的方式表达递进关系（如"何况"），我们称之为逼近连词。递进连词和其他连词的区别是其所带连接项之间在意义上具有进层关系。

二　基本情况

递进连词是中古联合关系连词中数量较多的一类，一共有23个，分别是：并、并复、不但、不独、而况、而且、非但、非独、非唯、非惟、何况、加、加复、况、况复、况乃、况是、岂况、乃至、且、又且、犹、犹尚。其中预递连词有8个，分别是：不但、不独、非但、非独、非唯、非惟、犹、犹尚。剩下15个承递连词中一般递进连词有8个，分别是：并、并复、而且、加、加复、且、又且、乃至。逼近连词有7个，分别是：而况、何况、况、况复、况乃、况是、岂况。我们主要讨论23个递进连词中的15个，分别是：并、不但、不独、非但、非独、非唯、非惟、乃至、何况、况、而况、况复、况乃、岂况、且。由于递进连词种类和数量都较多，使用比较分散，所以从使用频率上来看，除了"况"和"乃至"使用频率稍高，其他连词的使用数量都不是很多。其语法功能如表4-1所示。

表4-1　　　　　　　　中古汉语递进连词的语法功能

连词的位置	前置	不但、非但、不独、非独、非唯、非惟
	居中	
	后置	并、不但、非但、不独、非独、况、何况、况复、况乃、岂况、而况、且、乃至
连接项的句法位置	定位连词	并、况、何况、况复、况乃、岂况、而况、且、乃至、非唯、非惟
	非定位连词	不但、非但、不独、非独
连接项的词类性质	连接体词	
	连接谓词	并、且
	两者皆可	不但、非但、不独、非独、况、何况、况复、况乃、岂况、而况、乃至、非唯、非惟
连接的语言单位	句内连接	
	句间连接	并、不但、非但、不独、非独、况、何况、况复、况乃、岂况、而况、且
	两者皆可	乃至、非唯、非惟
连接类型	预递连词	不但、不独、非但、非独、非唯、非惟
	承递连词	并、而况、乃至、何况、况、况复、况乃、岂况、且

表4-1显示，中古递进连词具有如下特点：第一，递进连词以后置为主，有13个连词为后置连词，但有部分连词位置比较灵活，"不但、非但、不独、非独"既可以前置也可以后置；第二，定位连词比

较多，有11个连词为定位连词，定位连词多位于句首位置，这是连词的典型位置；第三，多连接谓词，有13个连词既能连接谓词，又能连接体词，但从出现频率来看，连接谓词的频率明显多于体词，还有2个连词只连接谓词，没有单纯连接体词的递进连词；第四，多为句间连词，有12个连词只连接句子，3个连词为句内连词兼句间连词；第五，预递连词比较丰富，有6个连词为预递连词，所占比重较大。

三 来源与演化概况

中古时期是递进连词产生与发展的重要时期，大部分递进连词都是在这时产生，只有少部分继承自先秦。两汉至魏晋时期产生的递进连词不仅数量多，而且很多都沿用到近现代，如"并""且""不但""非但""况""何况""乃至"等，现在这些连词在现代汉语里还在广泛使用。

中古时期的递进连词中双音节连词特别多，23个连词中有18个为双音节，只有"并""且""况""加""犹"5个单音节连词。这表明中古时期是汉语连词双音节化的重要时期，双音节连词已经成为连词的主要音节形式。其来源与演化情况如表4-2所示。

表4-2　　　　　中古汉语递进连词的来源和演化情况

递进连词	产生时间	来源和演化过程
并	西汉	并（动词）＞并（总括副词）＞并（递进连词）
不但	东汉	不（否定副词）＋但（范围副词）＞不但（递进连词）
不独	东汉	不（否定副词）＋独（指代副词）＞不独（递进连词）
非但	东汉	非（否定副词）＋但（范围副词）＞非但（递进连词）
非独	东汉	非（否定副词）＋独（指代副词）＞非独（递进连词）
非唯	东汉	非（否定副词）＋唯（范围副词）＞非唯（递进连词）
非惟	西晋	非（否定副词）＋惟（范围副词）＞非惟（递进连词）
乃至	东汉	乃（关联副词）＋至（空间位移动词）＞乃（关联副词）＋至（结果位移动词）＞乃至（递进连词）

续表

递进连词	产生时间	来源和演化过程
何况	西汉	何（语气副词）+况（递进连词）>何况（递进连词）
况	先秦	况（比较动词）>况（递进连词）
况复	东晋	况（递进连词）+复（词缀）>况复（递进连词）
况乃	东汉	况（递进连词）+乃（判断副词）>况乃（递进连词）
岂况	西晋	岂（语气副词）+况（递进连词）>岂况（递进连词）
而况	东汉	而（承接连词）+况（递进连词）>而况（递进连词）
且	先秦	且（连词：并列）>且（递进连词）

表4-2显示，中古递进连词具有以下特点：首先，两汉前后是递进连词产生的主要时期，15个连词中有8个是东汉产生的，它们是："不但""不独""非但""非独""非唯""乃至""况乃""而况"，还有7个虽然不是东汉时期产生的，但离东汉时间也不长；其次，否定副词加范围副词是递进连词的主要来源，有"不但""非但""非唯""非惟"4个递进连词直接来源于此，还有2个连词"不独"和"非独"中的"独"虽然是"指代副词"，但从广义上来说是表示范围的，所以实际上也属于否定副词加范围副词一类；再次，连词也是递进连词的重要来源之一，有7个连词（分别是"况""何况""况复""况乃""岂况""而况""且"）的来源直接或间接与连词相关。

第二节 使用情况

一 并、且、乃至

（一）并

"并"作递进连词使用频率远不如作并列连词使用频率高，如《太平经》1例，《论衡》1例，《抱朴子》3例，总体使用频率极低。

1. 属于后置定位连词

递进连词"并"属于句间连词，在句中一般位于连接后项句首，例如：

（1）闻房中之事，能尽其道者，可单行致神仙，并可以移灾解罪，转祸为福，居官高迁，商贾倍利。(《抱朴子·内篇·微旨卷》)

（2）又复供养辟支佛尊，尊灭度后起舍利塔，以泥涂治石灰严饰，并以璎珞而庄挍之。(《佛本行集经》卷五十七)

2. 连接谓词性成分

"并"作并列连词时可以连接体词性成分也可以连接谓词性成分，作递进连词时只能连接谓词性成分，例如：

（3）今致若干宝，自食并施人。(《生经》卷二)

（4）卒死未经宿，以月建上水下一丸，令入咽喉，并含水喷死人面，即活。(《抱朴子·内篇·黄白卷》)

（5）我已摄制于此弊魔及诸官属，发遣诸兵，并设陀迦醯大女神，而制伏之。(《生经》卷二)

（6）又因他人葬时，写《人皇文》，并书己姓名著纸里，窃内人冢中，勿令人知之，令人无飞祸盗贼也。(《抱朴子·内篇·遐览卷》)

3. 多具有动作前后相承关系

递进连词"并"受源词影响，大都用作具有承接关系的语境中，如例（2）的"以泥涂治石灰严饰，并以璎珞而庄挍之"；例（4）的"令入咽喉，并含水喷死人面"；例（6）的"写《人皇文》，并书己姓名著纸里"；等等。当然，这种承接关系并不意味着"并"为承接连词，因为动作前后还具有事理上的递进关系。

169

(二) 且

"且"在中古时期主要用作表"暂且"义的副词和并列连词,不过其作递进连词也有一定数量,其分布情况如表4-3所示。

表4-3　　　　　　　　　　"且"的分布情况　　　　　　　　　单位:例

《论衡》	《六度集经》	《三国志》	《古小说钩沉》	《齐民要术》	《南齐书》
2	1	36	5	9	35

递进连词"且"主要出现在中土文献中,汉译佛经中的用例极少,中土文献中史书的出现频率高于其他文献。

1. 属于后置定位连词

递进连词"且"只位于连接后项句首位置,例如:

(1) 亮阻山为固,今者自来,既合兵书致人之术;且亮贪三郡,知进而不知退,今因此时,破亮必也。(《三国志·魏书三》)

(2) 师将往诣官主,云是贫道弟子,且无大罪,历算未穷。即见放遣。(《古小说钩沉·冥祥记》)

(3) 宋费庆伯者,孝建中仕为州治中,假归至家,忽见三驺皆赤帻同来云:"官唤",庆伯云:"才谒归,那得见召?且汝常黑帻,今何得皆赤帻也?"(《古小说钩沉·述异记》)

2. 主要用作句间连词

"且"作并列连词时主要用作句内连词,连接谓词性成分,而其递进连词用法则主要作句间连词使用,连接单句或复句,例如:

(4) 此藤缠裹树,树死,且有恶汁,尤令速朽也。(《齐民要术·藤》)

(5) 仆长大,且已有家,何缘此理?(《古小说钩沉·幽

明录》)

(6) 魏之与蜀，虽为敌国，非有赵襄灭智之仇，燕丹危亡之急；且刘禅凡下之主，费祎中才之相，二人存亡，固无关于兴丧。(《三国志·魏书四》)

(7) 为屋即伤热，热则生疥癣。且屋处惯暖，冬月入田，尤不耐寒。(《齐民要术·养羊》)

例（4）例（5）为"且"连接单句，例（6）例（7）连接复句。有时候"且"作为句内连词似乎也有递进关系，但这种看似为递进关系实际上还是以并列关系为主，例如：

(8) 口中色欲得红白如火光，为善材，多气，良且寿。(《齐民要术·养牛马驴骡》)

上例似乎理解为并列关系或递进关系皆可，但根据搜集到的用例，结合句子上下文考虑，这种句内连接一般主要还是表达并列关系，并没有明显的递进用法。

3. 可以深证浅，也可以由浅入深

递进连词"且"连接的前后连接项可以深证浅，也可以由浅入深，例如：

(9) 太子何疾而致丧身乎？且无葬矣！吾能活之。(《六度集经》卷五)

(10) 陛下忘先帝诏敕，藩王不得辅政。且陛下方病，而曹肇、秦朗等便与才人侍疾者言戏。(《三国志·魏书三》)

(11) 既有此诏，则宜遂为永制。七八年间，而复货年七十者，且七十奴婢及癃疾残病，并非可售之物，而鬻之于市，此皆

171

事之难解。(《三国志·魏书四》)

(12) 民以惧虎，早闭门间，且不识法安，不肯受之。(《古小说钩沉·冥祥记》)

上面例 (9) 例 (10) 为由浅入深，例 (11) 例 (12) 为以深证浅。例 (9) 的"丧身"和"无葬"、例 (10) 的"藩王不得辅政"和"陛下方病，而曹肇、秦朗等便与才人侍疾者言戏"在程度上具有明显的前浅后深性质；例 (11) 的"七十奴婢及癃疾残病，并非可售之物，而鬻之于市"和例 (12) 的"不识法安"具有补充说明、申述理由性质，属于追加说明，是以深证浅。

当然，我们很难判断很多句子是由浅入深，还是以深证浅，似乎两者皆可说得通，例如：

(13) 光武初不敢当，然独念兄伯升素结轻客，必举大事，且王莽败亡已兆，天下方乱，遂与定谋，于是乃市兵弩。(《后汉书·光武帝纪》)

(14) 嗣主幼冲，庶政多昧，且早婴尪疾，弗克负荷，所以宗正内侮，戚藩外叛，觊天视地，人各有心。(《南齐书·本纪第五·海陵王》)

4. 多用于陈述句

递进连词"且"和"况"不同，"况"多用于感叹句和反问句，带有强烈的感情色彩，而"且"一般用于陈述句，侧重于对事理的递进关系进行理性说明，很少带上主观感情色彩。上面例子皆是如此，这里不再赘述。

(三) 乃至

"乃至"在中古时期主要用作状中结构动词词组，即"乃 + 至 +

(NP/VP)"，意为"于是到（了）"或"于是来到"等，它作为递进连词使用频率不高，其分布情况如表4-4所示。

表4-4　　　　　　　　"乃至"的分布情况　　　　　　　单位：例

《论衡》	《太平经》	《菩萨本缘经》	《撰集百缘经》	《三国志》	《抱朴子》
0	8	9	13	0	0
《搜神记》	《长阿含经》	《古小说钩沉》	《后汉书》	《贤愚经》	《佛本行集经》
0	26	2	1	8	42

递进连词"乃至"在汉译佛经中的出现比例明显高于中土文献，中土文献中篇幅较长的《论衡》《三国志》《抱朴子》《搜神记》中均未发现用例。

1. 属于后置定位连词

"乃至"位于连接后项，只出现在句首位置，多位于无主句句首，少量例子有主语时位于主语前位置，例如：

（1）次阎浮提，至四天下，及千世界，乃至三千大千世界，都观不见。(《撰集百缘经》卷五)

（2）王丞相曹夫人，性甚忌，禁制丞相不得有侍御，乃至左右小人，亦被检简，时有妍妙，皆加谪责。(《古小说钩沉·妒记》)

2. 具有句内连接和句间连接功能

"乃至"既可以连接句内成分构成单句，也可以连接句子构成复句，句内连接主要连接体词性成分，句间连接主要连接谓词性成分，例如：

（3）一切诸四天王、忉利天王、炎天王、兜术天王、尼摩罗提天王、波罗尼蜜天王、梵天王，乃至阿迦腻吒天王，各与无央数众，皆悉来会。(《修行本起经》卷上)

(4) 金银盘粟，乃至珍宝，亦复如是。(《菩萨本缘经》卷上)

(5) 时彼城中，有一长者，名曰贤面，财宝无量，不可称计，多诸谄曲悭贪嫉妒，终无施心，乃至飞鸟驱不近舍。(《撰集百缘经》卷六)

(6) 时内外群官，多帝自选举，加以法理严察，职事过苦，尚书近臣，乃至捶扑牵曳于前，群臣莫敢正言。(《后汉书·申屠刚鲍永郅恽列传》)

上面例 (3) 例 (4) "乃至" 连接名词，"阿迦腻吒天王" 相对于 "一切诸四天王、忉利天王、炎天王、兜术天王、尼摩罗提天王、波罗尼蜜天王、梵天王" 地位更尊，"珍宝" 相对于 "金银盘粟" 价值更贵，二者用 "乃至" 连接充当句子主语；例 (5) 例 (6) "乃至" 用于连接句子，连接前后项具有程度递进关系，如例 (5) "终无施心" 和 "飞鸟驱不近舍"，以及例 (6) "职事过苦" 和 "捶扑牵曳于前"，都是连接后项对前项的具体说明，但在程度上后者明显高于前者的预期。

3. 可以连接体词和谓词

"乃至" 在句内连接时连接名词，连接项共同充当句子某一成分，如例 (1)、例 (3) 和例 (4)；在句间连接时连接句子，组成递进复句，如例 (2)、例 (5) 和例 (6)。

4. 多用事例说明程度

"乃至" 所带连接后项多为对前项的例证说明，但这些例证属于在程度上超出前项心理预期的例证，例如：

(7) 因思而忧之，乃至不食而饱，是为自爱之人也。(《太平经》卷一百零二)

(8) 我子爱法太过，乃至不惜所爱儿息；汝今还我，当与汝

直。(《菩萨本缘经》卷中)

例(7)的"不食而饱"是对"因思而忧之"的说明,例(8)的"不惜所爱儿息"是对"我子爱法太过"的说明。虽然连接后项是对连接前项的说明,但二者并不构成解说关系,因为连接后项主要说明使用超出预期的例子表明其程度超出一般,达到了某种程度。

二 否定类递进连词

(一)不但、非但

"不但"和"非但"由否定副词"不"和"非"与限制性副词"但"组合而成,二者用法基本相同,使用频率略高于"并",其分布情况如表4-5所示。

表4-5　　　　　"不但""非但"的分布情况　　　　　单位:例

	《论衡》	《太平经》	《古小说钩沉》	《三国志》	《魏书》
不但	1	15	1	5	1
非但	0	3	2	16	15
	《撰集百缘经》	《生经》	《百喻经》	《贤愚经》	《佛本行集经》
不但	0	14	1	10	1
非但	6	4	0	8	22

表4-5显示,"不但"和"非但"在中土文献和汉译佛经中的分布比较均匀。在上述10部文献中,"不但"出现49次,"非但"出现76次,后者明显多于前者。特别是在《佛本行集经》中,二者出现次数相差比较悬殊。

1. 可以前置和后置

"不但"和"非但"一般位于连接项前面,出现在无主句句首,形成"不但/非但A,B"结构,例如:

(1) 天君言，善信举之，恶无信下之，不但天上欲得善信人也，中和地下亦然。(《太平经》卷一百一十一)

(2) 为神丹既成，不但长生，又可以作黄金，金成，取百斤先设大祭，祭自有别法一卷，不与九鼎祭同也。(《抱朴子·内篇·金丹卷》)

(3) 非但今者，厄难之中得蒙济度，过去世时，我亦济彼脱诸厄难。(《撰集百缘经》卷四)

(4) 今以穷迫，欲往依恃，恐必复反叛，一也。北兵之来，非但取蜀而已，若奔南方，必因人势衰，及时赴追，二也。(《三国志·蜀书十二》)

有时候"不但"和"非但"的递进表程度加深的后句会前置，形成递进前句后置的补充说明句，构成"B，不但A"结构，例如：

(5) 此中多诸浦涧，傍依茂林，迷不知所通，嵌崎深沉，处处皆然，不但一处。(《宋书·列传·谢灵运》)

(6) 臣今来亦欲为吴，非但为蜀也。(三国志·蜀书十五)

2. 为非定位连词

"不但"和"非但"的位置并不固定，多数情况下位于无主句句首，还有部分例子出现于主语前，少量例子出现在主语后，例如：

(7) 是三者有益于般若波罗蜜，不但昼日益，夜梦中亦当复益。(《道行般若经》卷六)

(8) 非但我言卿不可，李阳景亦谓不可。(《古小说钩沉·述异记》)

(9) 我非但今日，除其冥暗，乃往久远，无量劫时，亦为此

等除大黑暗。(《贤愚经》卷六)

(10) 今应当知,然我非但此之一世精进力故,得三菩提及七道分,我往昔时精进力故,得摩尼宝。(《佛本行集经》卷三十一)

例(7)例(8)为"不但"和"非但"位于主语前的例子,例(9)例(10)为"非但"位于主语后的例子,还没有发现"不但"位于主语后的例子。"不但"和"非但"能够出现于主语前,表明其具有的递进连接功能日益成熟,日益脱离源词的副词词性。当然,出现于主语前的例子还不多,到近现代时期,"不但"和"非但"才真正成为比较纯粹的递进连词。

3. 可以连接体词和谓词

"不但"和"非但"既可以连接体词性成分,也可以连接谓词性成分,以后者为主。上例多为连接谓词性成分的例子,下面来看一些连接体词性成分的例子:

(11) 不但道士,凡人以此日入山,皆凶害,与虎狼毒虫相遇也。(《抱朴子·内篇·登涉卷》)

(12) 不但今日,六师之徒,诤名利故,求与我决,自丧失众;过去世时,亦共我诤,我亦伤彼,夺其人众。(《贤愚经》卷二)

(13) 非但仁者,昔父罗摩,独有信行,我今亦有如是信行,非彼独有精进正念禅定智慧,我今亦有乃至智慧。(《佛本行集经》卷二十二)

(14) 成则可以举家皆仙,不但一身耳。(《抱朴子·内篇·金丹卷》)

虽然一般情况下"不但"和"非但"连接的是谓词性成分,但有时其表示递进关系的焦点却是体词性成分，例如：

（15）岁岁被荣，高德佩带，子孙相承，名为传孝之家，无恶人也。不但自孝于家，并及内外。(《太平经》卷一百一十四)

（16）提婆达多，非但今世为利养故断破善根，过去世时亦贪利养丧身失命。(《贤愚经》卷九)

上面两例均是连接的句子，但其表达重心却是其中的体词性成分，如例（15）"不但自孝于家，并及内外"的递进焦点是"家"和"内外"，例（16）"非但今世为利养故断破善根，过去世时亦贪利养丧身失命"的递进焦点是"今世"和"过去世"。

4. 多用作范围、程度和时间递进

中古时期的"不但"和"非但"属于由副词到连词的过渡阶段，还带有副词的某些特征。因为"不但"和"非但"由"不/非"和副词"但"组合而成，受源词影响，"不但"和"非但"多用于范围的扩大和程度的加深，例如：

（17）不但诸天诸梵天为菩萨作礼。上至阿会亘彼立、阿波摩那、阿会波罗，及上至阿迦腻吒诸天，皆为行般若波罗蜜菩萨作礼十方不可复计阿僧只现在诸佛。(《道行般若经》卷八)

（18）若有不守，非但失一郡，则荆州非吴有也。(《三国志·吴书十三》)

（19）事不可不精，不但无益，乃几作祸也！(《抱朴子·内篇·仙药卷》)

（20）牛马龙蛇鸟兽之形，白黑各如其色，羽毛头目足翅皆备，非但仿佛，像之尤纯。(《搜神记》卷六)

上面前两例为范围的扩大，后两例为程度的加深。例（17）为人物范围的扩大，例（18）为地域范围的扩大；例（19）为事件后果的严重程度加深，例（20）为动作造成的心理印象程度的加深。另外，汉译佛经中常出现"今世"和"过去世"时间的递进对比，如例（16）。

5. 以句间连接为主

"不但"和"非但"以句间连接为主，同时也可以进行语篇连接。前者如例（1）的"不但天上欲得善信人也，中和地下亦然"、例（2）的"不但长生，又可以作黄金"。

"不但"和"非但"有时会起语篇连接作用，它们会提起一个话题，起话题连接作用。这种情况经常出现在其连接体词时候出现，如例（12）"不但今日，六师之徒，净名利故，求与我决，自丧失众；过去世时，亦共我净，我亦伤彼，夺其人众"。其中"不但"连接"今日"和"过去世时"，这两个话题后面都有若干句群围绕此话题进行论述。

（二）不独、非独

"不独"和"非独"由副词"不/非"和表"单独""独自"义的副词"独"合并而成，由"不单独、不独自"义发展为"不只"义，中古时期的"不独"和"非独"属于从副词向递进连词过渡的阶段，多数情况下理解为"不单独、不独自"和"不只"义皆可。"不独"和"非独"用法基本相同，其分布情况如表4-6所示。

表4-6　　　　　　　"不独""非独"的分布情况　　　　　　　单位：例

	《论衡》	《太平经》	《后汉书》	《宋书》	《齐民要术》
不独	2	2	2	5	1
非独	10	19	6	3	3
	《生经》	《长阿含经》	《百喻经》	《贤愚经》	《佛本行集经》
不独	0	0	1	0	3
非独	0	0	0	1	4

表4-6显示,在10部文献中,"不独"出现17次,"非独"出现46次,后者明显多于前者,但二者出现频率都不高,中土文献中出现比例明显高于汉译佛经,特别是在中古早期的汉译佛经中"不独"和"非独"很少出现。

1. 可以前置和后置

"不独"和"非独"既可以位于连接前项,也可以位于连接后项,以后置为主,例如:

(1) 且夫一致之善者,物多胜于人,不独龟鹤也。(《抱朴子·内篇·对俗卷》)

(2) 一质一文,一衰一盛,古而有之,非独今也。(《论衡·自然篇》)

(3) 菩萨摩诃萨行般若波罗蜜,不独过诸天阿须伦世间人民上也,乃至须陀洹斯陀含阿那含阿罗汉辟支佛都复过是上。(《道行般若经》卷八)

(4) 或不及春时种之,至冬饥念食,乃欲种谷,种之不生,此岂能及事活人邪?非独身穷,举家已灭矣。(《太平经》卷七十二)

例(1)、例(2)是"不独"和"非独"后置的例子,例(3)、例(4)是前置的例子。"不独"和"非独"后置的例子远多于前置,这也表明"不独"和"非独"的递进功能还没发展成熟,其后置主要表示补充说明义,递进关系隐含其中,还不太明显。

2. 属于不定位连词

"不独"和"非独"一般位于无主句句首,"不独"一般只出现在无主句中,少量出现于主语后,而"非独"既可以位于主语前,也可以位于主语后,例如:

(5) 前则若彼，后则若此。由此言之，亦在于教，不独在性也。(《论衡·命义篇》)

(6) 之言非独吾心，亦天意也。(《论衡·寒温篇》)

(7) 原其所由，非独臣有不尽忠，亦主有不能使。(《三国志·魏书十六》)

(8) 寻四郡同患，非独吴兴，若此洽获通，列邦蒙益。(《宋书·列传第五十九》)

相对于"不独"来说，"非独"出现的位置更多，它可以出现于主语前，这是连词的典型句法位置，因此，相对来说，"非独"的连词化比"不独"更成熟一些。

3. 多表范围和程度的递进

"独"作副词时表"独自""单独"义，受此影响"不独"和"非独"由"不单独"和"不独自"发展而来，所以多用于表范围扩大，由范围扩大延伸出程度递进之意。例如：

(9) 凡作天下百术，皆宜知禹步，不独此事也。(《抱朴子·内篇·登涉卷》)

(10) 且虎所食，非独人也，含血之禽，有形之兽，虎皆食之。(《论衡·遭虎篇》)

(11) 凡吾为文，皆如此矣，非独是也。(《太平经》卷九十二)

(12) 由此观之，天下之天下，非独陛下之天下也。(《三国志·魏书二十五》)

(13) 良地非独宜晚，早亦无害；薄地宜早，晚必不成实也。(《齐民要术·耕田》)

上例"不独"和"非独"均表范围扩大之意,例(9)例(11)为事件范围的扩大,例(10)例(12)表人物范围的扩大,例(13)表时间范围的扩大。

4. 可以连接体词和谓词

"不独"和"非独"可以连接各种性质的句法单位,语法功能覆盖范围较广,例如:

(14) 不独过檀波罗蜜,亦复乃至尸波罗蜜,羼提波罗蜜,惟逮波罗蜜,禅波罗蜜,菩萨摩诃萨失般若波罗蜜。(《道行般若经》卷八)

(15) 复隆于今,不独前世。(《魏书·列传十二》)

(16) 下官皆畏之,非独我也。(《古小说钩沉·冥祥记》)

(17) 非独羊也,治民亦如是。以时起居,恶者辄去,无令败群也。(《齐民要术·养牛马驴骡》)

(18) 案月为天下占,房为九州候。月之南北,非独为鲁也。(《论衡·明雩篇》)

(19) 非独毁誉有之,政事损益,亦皆有嫌。(《三国志·魏书十六》)

例(14)例(15)例(16)例(17)连接的是体词性成分,例(18)例(19)连接的为谓词性成分,其实"不独"和"非独"主要表范围和程度的扩大,这类语义范畴既可以用于事物,也可以用于动作和事件,并没有严格的限制。

5. 连接句子为主

"不独"和"非独"以连接句子为主,上面例子已经比较充分,这里不再赘述。

（三）非唯、非惟

A. 非唯

"非唯"是中古时期使用频率不高的一类双音节递进连词，它主要出现于中土文献中，汉译佛经中极少出现，我们只在隋朝的《佛本行集经》中发现1例，其分布情况如表4-7所示。

表4-7　　　　　"非唯"的分布情况　　　　　单位：例

《论衡》	《三国志》	《古小说钩沉》	《后汉书》	《世说新语》	《齐民要术》
6	2	1	3	7	2
《南齐书》	《宋书》	《魏书》	《汉魏南北朝墓志汇编》	《颜氏家训》	《佛本行集经》
11	36	10	5	2	1

表4-7显示，"非唯"在中土文献中的分布比较均衡，它在中古后期用例略高于前期。

1. 属于前置定位连词

"非唯"只出现在连接前项中，且只出现于句首位置。例如：

（1）王命定于怀妊，犹富贵骨生，鸟雄卵成也。非唯人、鸟也，万物皆然。(《论衡·初禀篇》)

（2）然折而不挠，终不为下者，抑揆彼之量必不容已，非唯竞利，且以避害云尔。(《三国志·蜀书·先主传》)

（3）汝为吏，以官物见饷，非唯不益，乃增吾忧也。(《世说新语·贤媛》)

"非唯"一般位于连接前项无主句句首位置，有时其连接项中也会出现主语，当出现主语时"非唯"仍位于主语前的句首位置，例如：

（4）凡庸之性，后夫多宠前夫之孤，后妻必虐前妻之子；非唯妇人怀嫉妒之情，丈夫有沈惑之僻，亦事势使之然也。(《颜氏

家训·后娶》)

2. 多用于句间连接

"非唯"一般只连接句子，不连接句内成分，例如：

(5) 王司州至吴兴印渚中看，叹曰："非唯使人情开涤，亦觉日月清朗。"(《世说新语·言语》)

(6) 光武功臣所以能终其身名者，非唯不任职事，亦以继奉明、章，心尊正嫡，君安乎上，臣习乎下。(《南齐书·列传第七·王敬则陈显达》)

我们只检索到两例句内连接的例子：

(7) 于是大叹庾非唯风流，兼有治实。(《世说新语·俭啬》)

(8) 不孕者必瘦，瘦则非唯不蕃息，经冬或死。(《齐民要术·养羊》)

上面两例"非唯"似乎位于句内位置，但考虑到其连接后项也可以单独成句，所以这两例实际上属于紧缩复句，并非真正的单句。因此，我们仍将"非唯"划归句间连词类别。

3. 可以连接体词和谓词

"非唯"既可以连接体词也可以连接谓词，以后者为主。"非唯"连接体词主要出现于中古早期，特别是《论衡》中出现较多，中古时期中后期文献中以连接谓词为主，例如：

(9) 天道偶会，虎适食人，长吏遭恶，故谓为变，应上天矣。古今凶验，非唯虎也，野物皆然。(《论衡·遭虎篇》)

（10）昔文王歌德，武王歌兴，夫命世之主，树身行道，非唯一时，亦由开基植绪，光于来世者也。（《三国志·蜀书·邓张宗杨传》）

（11）服五石散，非唯治病，亦觉神明开朗。（《世说新语·言语》）

（12）比世有人名暹，自称为纤；名琨，自称为衮；名洸，自称为汪；名嚞，自称为獦。非唯音韵舛错，亦使其儿孙避讳纷纭矣。（《颜氏家训·音辞》）

4. 多为范围递进连词

"非唯"受源词影响，多表范围的扩大，意为动作行为的影响不仅仅局限于此，还可以延伸扩大至其他。例如：

（13）愚杰不别，须文以立折。非唯于人，物亦咸然。（《论衡·正说篇》）

（14）乌桓闻之，当复弃军还救。非唯无益于实，乃更沮三军之情。（《后汉书·杨李翟应霍爰徐列传》）

（15）夏至后者，非唯浅短，皮亦轻薄。（《齐民要术·种麻》）

例（13）指动作范围由"人"扩大至"物"，例（14）指事件效果由"无益于实"扩大至"更沮三军之情"，例（15）指作物受时间影响出现由"浅短"到"皮亦轻薄"的恶化，其中例（14）和例（15）兼有范围扩大和程度加深之意。

"非唯"由范围扩大义逐渐产生出程度加深义，因为范围的扩大往往意味着动作行为影响的扩大，从而其作用力加强，进而延伸出程度加深之意，例如：

(16) 古之教者，家有塾，党有庠，术有序，国有学，以讽诵相摩。今学非唯不宜废而已，乃宜更崇尚其道，望古作规，使郡县有学，飨间立教。(《南齐书·志第一·礼上》)

此例同样既表范围扩大也表程度加深义，"不宜废而已"指"学"不宜废除，"乃宜更崇尚其道，望古作规"指应该学习古人提倡之。所以从"不宜废而已"到"乃宜更崇尚其道，望古作规"不仅仅是范围的扩大，更多表达的是对"学"的推广程度的提升。

5. 主要用于陈述句

"非唯"一般出现于陈述句中，很少出现于其他句类中，在陈述句中主要表述动作行为的影响范围的扩大，上例皆是如此，这里不再举例。"非唯"出现在连接前项，连接后项一般有"亦""乃""皆"等与之照应，意为"不仅/只A，B也/都这样"。

B. 非惟

"非惟"和"非唯"意义和用法基本相同，但"非惟"的使用数量明显少于"非唯"。"非惟"主要出现于中土文献中，而且它多出现于史书中，其他文献中出现数量较少，其分布情况如表4-8所示。

表4-8　　　　　　"非惟"的分布情况　　　　　　单位：例

《三国志》	《齐民要术》	《宋书》	《南齐书》	《水经注》	《魏书》
4	1	7	1	3	2

和"非唯"一样，"非惟"只出现在句首位置，起句间连接作用，可以连接体词和谓词，多为范围递进连词，例如：

(1) 曹操比于袁绍，则名微而众寡，然操遂能克绍，以弱为强者，非惟天时，抑亦人谋也。(《三国志·蜀书·诸葛亮传》)

(2) 昔周宣猃狁侵镐及方，孝文匈奴亦略上郡，而宣王立中兴之功，文帝建太宗之号。非惟两主有明睿之姿，抑亦扞城有虓虎之助，是以南仲赫赫，列在《周诗》，亚夫赳赳，载于汉策。而说者妄读鲐为"夷"，非惟失于训物，亦不知音矣。(《齐民要术·货殖》)

（3）王途始开，随复沦塞，非惟天时，抑亦人事。(《宋书·列传·朱修之　宗悫　王玄谟》)

（4）属世道大康，帝德广运。乃眷土陇，非惟致祭之诚，有怀明德，故兼追荣之礼。(《汉魏南北朝墓志汇编》)

和"非唯"略有不同的是，"非惟"有时会出现于连接后项位置，这种情况一般用于连接后项对连接前项的补充说明，例如：

（5）于是蜀人咸知亮有吞魏之志，非惟拓境而已。(《三国志·蜀书·诸葛亮传》)

三　"况"类递进连词

（一）况

"况"是中古时期使用频率较高的递进连词，其语法功能比较成熟，可以连接各类句法成分，且构词能力比较强，有"况复、况乃、况是、岂况、何况、而况"等复音递进连词。其分布情况见表4-9。

表4-9　　　　　　　"况"的分布情况　　　　　　单位：例

《论衡》	《太平经》	《三国志》	《搜神记》	《后汉书》
66	4	176	3	97
《六度集经》	《长阿含经》	《百喻经》	《贤愚经》	《佛本行集经》
0	26	0	10	18

表4-9显示,"况"在中土文献中出现比例明显高于汉译佛经,中土文献中史书中出现频率较高;汉译佛经中多用由"况"组成的双音节递进连词,"况"在很多汉译佛经中没有用例,使用最多的《长阿含经》中的"况"多为同一句子重复出现。

1. 属于后置定位连词

递进连词"况"只位于后面连接项句首位置,形成"A,况B"结构,一般情况下"况"位于无主句句首,当连接项有主语时位于主语前位置,没有其他情况,所以"况"属于典型的后置定位连词。例如:

(1) 仰察一日,目犹眩耀,况察十日乎?(《论衡·谈天篇》)

(2) 梦尚若斯,况真为王乎?(《六度集经》卷八)

(3) 丹石微物,尚保斯质,况吾托士人之末列,曾受教于君子哉?(《三国志·魏书二》)

(4) 又卜者王郎,假名因势,驱集乌合之众,遂震燕、赵之地;况明公奋二郡之兵,扬响应之威,以攻则何城不克,以战则何军不服!(《后汉书》卷二十一)

2. 连接单句和复句

"况"主要连接单句和复句,其中单句最多,少部分为复句,如例(4),这里再举两个连接复句的例子:

(5) 尔时憔悴,今更光泽,尔时处树,闭目端坐,日食麻米,犹谓非道;况入人间,身口自恣,何谓为道?(《中本起经》卷上)

(6) 夫铁石天然,尚为锻炼者变易故质,况人含五常之性,贤圣未之熟锻炼耳,奚患性之不善哉?(《论衡·命义篇》)

3. 可以以深证浅，也可以由浅入深

"况"类递进句连词连接的前后两项，既可以深证浅，也可以由浅入深。以深证浅也就是吕叔湘①所说的逼近句式，意为"深的尚且如此，别说浅的"，连接前项相对于后项在时间、范围、程度等方面更长、更大或更深，以前项证明后项更应如此；由浅入深与以深证浅正好相反，是连接后项相对于前项在时间、范围、程度等方面更长、更大或更深，通过追述事理来说明理由，意为"浅的尚且如此，别说深的"。例如：

（7）人有百头，头有百舌，舌解百义，合此人数，称赞如来，弥尽竟劫，不宣其德；况我所说，亿不及一。（《中本起经》卷上）

（8）行之决矣。正使死，何所惧？况不必死邪！（《三国志·魏书四》）

（9）仰察一日，目犹眩耀，况察十日乎？（《论衡·谈天篇》）

（10）粪除臭处，正使天晴，尚不应戴，况于雨中戴之而行！（《长阿含经》卷七）

例（7）、例（8）为以深证浅，例（9）、例（10）为由浅入深。例（7）连接前项"人有百头，头有百舌，舌解百义，合此人数，称赞如来，弥尽竟劫，不宣其德"和后项"我所说，亿不及一"为数量多少的对比递进，例（8）连接前项"行之决矣。正使死，何所惧"和后项"不必死"为假设结果程度的对比递进；例（9）连接前项"仰察一日，目犹眩耀"和后项"察十日乎"为动作时间的对比递进；例（10）连接前项"粪除臭处，正使天晴，尚不应戴"和后项"于雨

---

① 吕叔湘：《中国文法要略》（修订本），商务印书馆1982年版。

中戴之而行"为动作条件的对比递进。

4. 多用于疑问句和感叹句

"况"类递进句带有强烈的主观情感，该句子主要强调前后两项在时间、范围、程度、数量等方面的对比差异，说话者用这种句子表达浅者或深者出现的必然性，因此句子常用疑问句和感叹句来显示这种主观情感。例如：

(11) 我子尚能舍此身命，况于我身而当不舍？（《撰集百缘经》卷四）

(12) 汝今生存，识神出入，尚不可见，况于死者乎？（《长阿含经》卷七）

(13) 苟不识者，则园中草木，田池禽兽，犹多不知，况乎巨异者哉！（《抱朴子·内篇·对俗卷》）

(14) 小国犹不可辱，况于万乘之主，重以伯春之命哉！（《后汉书》卷十五）

例（11）例（12）为疑问句，例（13）例（14）为感叹句。"况"类递进句出现的疑问句都是无疑而问的反问句，主要表达说话者认为应该如此、理所当然的语气，同样感叹句也是表达如此情感。为了表达说话者的这种主观情感，"况"类递进句中前项一般有"犹""尚""且"等语气副词，后项一般有"乎""哉"等语气词搭配。

(二) 况复

"况复"是由"况"加连词后缀"复"复合而成。"况复"多用于汉译佛经，中土文献用例较少。其分布情况见表4-10。

表 4–10　　　　　　　　　"况复"的分布情况　　　　　　　　单位：例

《论衡》	《太平经》	《抱朴子》	《后汉书》	《齐民要术》	《魏书》
0	0	1	3	0	1
《六度集经》	《撰集百缘经》	《生经》	《百喻经》	《贤愚经》	《佛本行集经》
0	4	0	2	2	61

表 4–10 显示，"况复"在汉译佛经中共出现 69 次，在中土文献中出现 5 次，前者明显高于后者。考虑到中土文献较长的篇幅，所以可以认定汉译佛经中"况复"的出现频率还是远高于中土文献。当然"况复"的分布也不均匀，大部分用例出现在《佛本行集经》中。

"况复"用法和"况"基本相同，唯一不同之处是当"况复"后面所带词语音节较少时，其所带连接项一般为双音节词语，例如：

（1）时，王善见清净无著，心不暂念，况复亲近。（《长阿含经》卷三）

（2）今此树枝，能出如是种种好物，况复其根？（《贤愚经》卷九）

（3）夫人生子，既得人身，诸天犹尚欢喜赞叹！况复于人？（《佛本行集经》卷七）

（4）是时使人，将彼弓来，既至众中先持授于一切释种诸童子辈，所执之者，不能施张，况复欲挽？（《佛本行集经》卷十三）

上例均为连接后项带双音节词语的用例，与"况复"不同，当"况"后音节较少时，其所带连接项多为三音节，与"况"一并形成四音节结构，例如：

（5）木石犹为人用，况非木石！（《论衡·命义篇》）

(6) 假使实犯犹望怨放，况无所犯，而横见拄？（《菩萨本缘经》卷中）

(7) 我于尔时，在畜生中，犹生慈悲，不惮疲苦，度脱众生；况我今者，超越三界，自在无碍，而有劳耶？（《撰集百缘经》卷四）

(8) 吾奉道法，慈心愍哀众生之类，不害蠕动，况危人命！（《生经》卷一）

"况"和"况复"这种连接后项的音节限制，体现了汉语双音节自然音步的规则，这也表明中古时期汉语词汇的双音节化规律已经十分明显。

（三）况乃

"况乃"是"况"类递进连词中使用频率较低的一个，其分布情况如表4-11所示。

表4-11　　　　　　"况乃"的分布情况　　　　　　单位：例

《太平经》	《三国志》	《抱朴子》	《后汉书》	《宋书》	《魏书》
1	7	3	10	16	7
《六度集经》	《撰集百缘经》	《生经》	《百喻经》	《贤愚经》	《佛本行集经》
0	0	0	0	0	1

表4-11显示，"况乃"在汉译佛经中很少出现，中土文献的例子也不多。

"况乃"是递进连词"况"和判断副词"乃"复合而成，因为"况"作副词时可以表示判定，而"况"又带有主观对比色彩，故句子主要强调前后两项在时间、范围、程度、数量等方面的对比差异，说话者用这种句子表达浅者或深者出现的必然性，而"乃"可以帮助表示这种必然性。

和"况复"一样，"况乃"所带连接项音节较少时，也多为双音节和四音节词语，例如：

（1）书五行之牍，奏十言之记，其才劣者，笔墨之力尤难，况乃连句结章，篇至十百哉！（《论衡·效力篇》）

（2）三年不见，东山犹叹其远，况乃过之，思何可支？（《三国志·魏书二十一》）

（3）若夫道为身济，犹縻厥爵，况乃诚德俱深，勋冠天人者乎！（《宋书·本纪第一》）

（4）其在桓、文，方兹尤俭，然亦显被宠章，光锡殊品。况乃独绝百代，顾邈前烈者哉！（《宋书·本纪第二》）

（5）废昏立明，前代令范，况乃灭义反道，天人所弃，衅深牧野，理绝桐宫。（《宋书·本纪第九》）

有时"何况"和"乃"结合形成"何况乃"，例如：

（6）其人前世时见佛般若波罗蜜耳闻者。何况乃学持诵。学已持已诵已。（《道行般若经》卷二）

（7）其里贤明畏事者，会不敢匿，恐坐其事。何况乃一州、一郡、一县、一乡、一亭，郡有非常事，阴阳何可隐？（《太平经》卷八十六）

（8）诚欲令恭肃畏事，恂恂循道，不愿其有才能，何况乃当传以连城广土，享故诸侯王国哉？（《后汉书》卷二十三）

我们认为这种"何况乃"并非递进连词，而是"[何况 + [乃 + [NP/VP]]]"，即"何况"为递进连词，"乃"为判断副词修饰或断定后续成分，所以这里的"何况乃"并非由"何况"和"况乃"结合而成的新的连词。

(四) 岂况

"岂况"是由疑问副词"岂"和连词"况"复合而成,其出现频率也不高,汉译佛经略高于中土文献,汉译佛经中如《撰集百缘经》0例、《六度集经》21例、《生经》0例、《贤愚经》3例、《佛本行集经》0例;中土文献如《三国志》中有5例,《后汉书》中有2例,《宋书》中有0例,《魏书》中有0例。从上面的数据可以看到,"岂况"的出现并不均衡,主要集中于《六度集经》中,其他文献中用例较少。

"岂况"的形成同样与"况"递进句的语义有关,因为该类句子主要表达说话者强调的以深证浅或由浅入深的必然性,带有强烈的主观情感,而"岂"作为语气副词经常用于句首表达反问语气,这与"况"出现的语境一致,二者经常联合使用,遂逐渐凝聚而成"岂况",这一论断可以从"岂况"出现的句类中得以验证,大部分"岂况"出现于反问句中,例如:

(1) 身尚不保,岂况国土妻子众诸,可得久长乎?(《六度集经》卷一)

(2) 饮水不告,罪乃若此,岂况真盗不有重咎乎?(《六度集经》卷五)

(3) 民间君子,犹内不负心,外不愧影,上不欺天,下不食言。岂况古之真人,宁当虚造空文,以必不可得之事,诳误将来,何所索乎?(《抱朴子·内篇·对俗卷》)

当然,"岂况"也可以用于感叹句和陈述句中,但这些句子出现的比例远低于反问句、感叹句和陈述句,例子如:

(4) 夫指既斩而连之,不可续也,血既洒而吞之,无所益

也。岂况服彼异类之松柏，以延短促之年命，甚不然也。(《抱朴子·内篇·对俗卷》)

(5) 古者丘陇且不欲其著明，岂况筑郭邑，建都鄢哉！(《后汉书》卷四十二)

"岂况"也主要连接双音节词语，但和"况复""况乃"不同的是，"岂况"极少连接四音节词语，例如：

(6) 年八孩童，有高士之论，岂况其父乎？(《六度集经》卷二)

(7) 妇离所天只行一宿，众有疑望，岂况旬朔乎？(《六度集经》卷五)

(8) 是以蒯聩终获叛逆之罪，而曼姑永享忠臣之名。父子犹然，岂况兄弟乎！(《三国志·魏书六》)

(9) 天地长久，尚有崩坏；岂况人物，而欲永存？(《古小说钩沉·冥祥记》)

"岂况"后面连接词语的音节似乎很少考虑到语气词，可能是一方面语气词都是轻声，语音较轻；另一方面语气词的语法意义是附着于全句，并不受句中某一成分控制。因此，"况"类复音连词所带音节中，语气词可以不计入在内。下面有两例似乎可以证明：

(10) 天地尚然，岂况国土？(《六度集经》卷三)
(11) 身且不保，岂况国土乎？(《六度集经》卷三)

上面两例"岂况"后连接项基本相同，只是例(11)多了语气词"乎"，可见"岂况"连接的双音节词可以不包括语气词在内。

(五) 何况

"何况"是"况"类递进连词中分布较广泛的一个,在汉译佛经和中土文献中都有出现,其分布情况见表 4-12。

表 4-12　　　　　　　　"何况"的分布情况　　　　　　　　单位:例

《太平经》	《三国志》	《抱朴子》	《后汉书》	《宋书》	《魏书》
18	3	0	9	3	2
《六度集经》	《撰集百缘经》	《生经》	《百喻经》	《贤愚经》	《佛本行集经》
2	3	2	0	3	10

表 4-12 显示,"何况"在汉译佛经和中土文献中的分布比较均衡,《太平经》中的用例稍多,其他文献中的分布没有太大差异。

"何况"是由"何"与"况"复合而成,同"岂况"的形成一样,"何况"是语气副词"何"与"况"凝聚而成,"何"有表示反问语气的功能,这与"况"的意义功能一致,二者经常结合使用,从而合为一体。

1. 多用于反问句

由于"何况"由反问语气副词"何"与"况"合并而成,所以"何况"多用于反问句中,例如:

(1) 夫地尚不欺人,种禾得禾,种麦得麦,其用功力多者,其稼善。何况天哉?(《太平经》卷三十七)

(2) 吾所以笑搏儿者,儿是卿父,魂灵旋感,为卿作子,一世之间有父不识,何况长久乎?(《六度集经》卷六)

(3) 我等此名尚未曾闻,何况得有?何况得诵?(《佛本行集经》卷三)

2. 多连接体词

"何况"和其他"况"类连词不同之处在于,它多用于连接体词性成分，特别是用于连接人物表示对比递进的频率较高，例如：

(4) 天地尚不夺汝功，何况人乎哉？（《太平经》卷三十五）

(5) 此亭长，尚但吏之最小者也，何况其臣者哉？（《太平经》卷八十六）

(6) 今贵主尚见枉夺，何况小人哉！（《后汉书》卷二十三）

3. 多连接双音节词

"何况"和其他"况"类连词的用法基本一致，作为双音节连词的"何况"同样多用来连接双音节词语，例如：

(7) 真人尚乃以此为善，何况俗人哉？（《太平经》卷四十七）

(8) 所以然者，中心尽神仙尚退，何况愚士？（《太平经》卷一百一十二）

(9) 乃至畜生，见此丑陋，尚怀怖惧，何况人类？（《菩萨本缘经》卷十）

（六）而况

"而况"的使用频率一般，在文献中分布情况见表 4-13。

表 4-13　　　　　　"而况"的分布情况　　　　　　单位：例

《论衡》	《太平经》	《三国志》	《抱朴子》	《魏书》	《齐民要术》
2	7	22	2	19	3
《六度集经》	《撰集百缘经》	《生经》	《百喻经》	《贤愚经》	《佛本行集经》
1	0	0	0	0	0

从表 4-13 中数据可以看到，"而况"在汉译佛经中出现频率极低，主要出现于中土文献，其中《三国志》和《魏书》中出现频率较高。

1. "而况"的来源

"而况"的来源有两种可能：一是由承接连词"而"与递进连词"况"凝定而成，因为递进连词"况"只位于句首，"而"作为承接连词经常出现在句首表承接关系，二者经常比邻出现，从而凝定为一个词；二是由递进连词"而"与递进连词"况"同义复合而成，"而"也具有递进连接功能，《汉语大词典》首引《荀子·劝学》："君子博学而日参省乎己，则知明而行无过矣。"但"而"作为递进连词一般位于句中连词语，很少出现在句首，因此递进连词"而"与"况"很少相邻出现。据此，我们认为"而况"很可能由承接连词"而"与递进连词"况"凝定而成。

2. 多连接对比焦点

"而况"一般只连接表示对比递进的对象或动作，较少连接带主语的句子及复句，例如：

（1）奋乎百世之上，百世之下闻之者，莫不兴起，非圣而若是乎？而况亲炙之乎？（《论衡·知实篇》）

（2）诸佛四等弘慈之润，德韬天地，吾寻斯道杀身济众，犹惧不获孝道微行，而况为虐报仇者乎？（《六度集经》卷一）

（3）当绍之强，孤犹不能自保，而况众人乎！（《三国志·魏书一》）

（4）父子之间，尚不相假借，而况他人者也？（《齐民要术·黍穄》）

"而况"所带连接项以无主句居多，且多为表人成分，这些成分与连接前项形成对比和递进关系，如例（2）、例（3）和例（4），"而况"出现的这种语境很可能是因为其经常出现在口语中，而口语多追求语言表达简洁，"而况"直接带对比递进对象符合口语语体的特点。

3. 连接项无音节限制

"而况"虽然是双音节连词,但似乎所带连接后项并不限于双音节词语,例如:

(5) 故圣人尚各长于一大业,不能必知天道,故各异其德。比若天,而况及人乎?(《太平经》卷十八至三十四)

(6) 故常导之以善,不敢开昌导,教之以凶恶之路,而况人乎?(《太平经》卷四十九)

(7) 我爱狗,尚不欲令人呵之,而况人乎!(《三国志·魏书六》)

(8) 其后晋获狄土,秦霸西戎,区区小国,犹尚若斯,而况万乘乎?(《三国志·魏书十七》)

除去语气词,上面例(6)和例(7)连接单音节词,而例(5)和例(8)连接双音节词。

4. 句末语气词多为"乎"

和其他"况"类词不同的是,"而况"所在句的句尾语气词多为"乎",其他"况"类词句尾经常出现的"哉"很少出现在"而况"句中。

第三节 来源与演化过程

一 并

"并"还可以用作并列连词,上文讨论过并列连词"并"的来源,"并"本义为动词,表"并列、并排"之意,由于"并排、并列"的动作具有动作的一致性,往往会导致事物的发展趋同,因此产生了副词义"一起、一并""都、皆",当动词"并"前后出现其他动词,且句子语义重心转移时,"并"由此演化为并列关系连词。

那么递进连词"并"是如何产生的呢?席嘉①认为其来源于副词,但还未完全演化为纯粹的递进连词,还带有某些副词特点。我们同意席文的看法,因为一方面从句法位置来看,副词与递进连词均位于谓语动词前面;另一方面,从意义上来看,副词意义"一并""一起"和递进连词"并且"义存在演化关系,"一并""一起"表示另提一个相关动作,多数情况下这种相关动作具有前后相继或连带关系,当前后动作或事件具有事理上的递进关系时,便会逐渐产生递进功能,例如:

(1) 同车共船,千里为商,至阔迥之地,杀其人而并取其财,尸捐不收,骨暴不葬,在水为鱼鳖之食,在土为蝼蚁之粮。(《论衡·祸虚篇》)

(2) 今有道人,年少端正,从远方来,欲乞我身持用作奴,今复并欲索卿作婢,当如之何?(《六度集经》卷二)

上例从意义上来看,包含"一起""一并"之意,例(1)"杀其人而并取其财"可以理解为"杀其人一并取其财",例(2)"欲乞我身持用作奴,今复并欲索卿作婢"可以理解为"欲乞我身持用作奴,今复一并欲索卿作婢"。同时从句法功能上来看,例(1)的"并"前有连词"而",这表明这里的"并"还是个副词,例(2)的"并"前有状语"今复",这表明"并"还带有些许副词功能。但是从意义上来看,上两例连接项之间又具有递进关系,如例(1)的"杀其人"与"取其财",例(2)的"欲乞我身持用作奴"和"并欲索卿作婢",前后项理解在事理关系上具有层递关系。当这种前后项的递进

---

① 席嘉:《近代汉语连词》,中国社会科学出版社2010年版,第121页。

关系经常使用，其语境被副词"并"吸收后，副词"并"就会演化为递进连词。

类似的例子我们再补充三例：

（3）顾敕舍利弗，并行营佐，即受教命，作礼而退。(《中本起经》卷下)

（4）明旦众女，不见蛇蛇，周惶遍求，嘘唏并泣，大家惊怪，问其状变。(《中本起经》卷上)

（5）秋八月，孙权遣使奉章，并遣于禁等还。(《三国志·魏书二》)

上面三例的"并"理解为"一并"或"并且"都可以说得通，这表明其作为副词和递进连词均可，这正符合语言演变存在一个两者并存的中间阶段的规则。

所以，"并"的演化路径为：并（动词：并排）＞并（副词：一起、都）＞并（递进连词）

二 况

《说文·水部》释为："寒水也，从水兄声。"段玉裁注："寒水也，未得其证。"学界未找到"寒水"说的相关证据，且"况"在上古时期的其他义项如"情形""比较""推及"等与"寒水"一说相去甚远，所以"况"为"寒水"一说还有待证明。甲骨文和金文未见"况"，考察徐中舒《甲骨文字典》、张玉金《甲骨文虚词词典》、陈初生《金文常用字典》均未收录"况"，传世文献中钱宗武《今文尚书语法研究》也未收录"况"。

春秋时期传世文献中"况"的主要用法是表比较的动词用法和表

递进连接的连词用法,李绍群(2012)认为"况"的递进连词用法由其副词义"更加"演化而来,李宗江(2014)则认为来源于动词比较义,但对其演化动因和机制未展开说明。我们同意李宗江的看法,因为"况"的副词用法不多,且从副词到动词的演化缺乏足够的例证,而从动词到递进连词的演化从语义和用法上均有明显的证据。首先来看"况"的动词用法,"况"在上古时期有表"比较"的动词用法,例如:

(1)诸侯宗庙之事,必自射牛,刲羊、击豕,夫人必自舂其盛。况其下之人,其谁敢不战战兢兢,以事百神。(《国语·楚语》)

(2)今若夫攻城野战,杀身为名,此天下百姓之所皆难也,苟君说之,则士众能为之。况于兼相爱,交相利,则与此异。(《墨子·兼爱》)

(3)临战而使人绝头刳腹而无顾心者,赏在兵也,又况据法而进贤,其助甚此矣。(《韩非子·内储说》)

上例一般先陈述对象 A 造成的事实,然后用"况"引出量级或程度上更高或低一级的比较对象 B,最后说明其比较结果更进一层。其语义格式可概括为:A 如此,"况"B,更如此。其中"况 B"意为比较 B 而言。如例(1)先谈"诸侯宗庙之事"如何,后句用"况其下之人"引出另一对象,最后用"其谁敢不战战兢兢,以事百神"说明结果。所以"况"的用法主要是将 A 和 B 进行比较。

上古时期,"况"已经在共时平面呈现出名词、动词、连词等多功能用法,其演化过程不能完全从历时平面去证实,只能根据共时平面语言演化一般规律进行推理。由于"况"引出的事物和与之比较的事物之间存在程度等级上的差异,其结果往往不言自明,所以常常省掉比较之后的结果，例如：

（4）怨在小丑，犹不可堪，而况在侈卿乎？其何以待之？（《国语·周语》）

（5）天为刚德，犹不干时，况在人乎？（《左传·文公三年》）

（6）多算胜，少算不胜，而况于无算乎！（《孙子兵法·始计》）

（7）天下，重物也，而不以害其生，又况于他物乎？（《吕氏春秋·仲春纪》）

上述用例的"况"后均有介词"在""于"等，引出比较对象，用法与例（2）相似，只不过例（2）引出比较对象之后，后句还有比较结果的陈述，而此三例均只引出比较对象。这些例子中"况"的功能可作动词和连接词两解，作动词看时，"况"表比较义，和后接对象进行比较，比较结果被隐含；作连词看时，"况"只起引出比较对象义并隐含递进关系。

上述"况"后带上介词引出比较对象以及比较结果，"况"尚可被看作动词，但当"况"后介词消失，甚至比较结果也消失，只剩下比较对象时，"况"不再表具体的比较动作，只是起递进连接作用，例如：

（8）众以美物归女，而何德以堪之，王犹不堪，况尔小丑乎？（《国语·周语》）

（9）一夫不可狃，况国乎？（《左传·僖公十五年》）

（10）先王之明德，犹无不难也，无不惧也，况我小国乎？（《左传·僖公二十年》）

上例"况"的递进连词用法一般先陈述与 A 相关的事实，然后联

203

系与之程度不同的 B，后面没有陈述 B 参与的事实，但暗含推断事实。其格式为："A 如此，况 B 乎？"如例（8）先说"王犹不堪"，后进一层说"况尔小丑乎？"意为"尔小丑"更不堪。

"况"从比较义动词到递进连词的演变过程为："况"作比较义动词用于"A 如此，况 B，更如此"格式中，由于 AB 间程度差异明显导致结果可明显推知，故结果事实"更如此"常常隐含不明示，"况"作递进连词时格式演变为"A 如此，况 B"，"况"只起递进连接的功能。从比较义动词到递进连词的演化动因主要是语用推理和重新分析，其语用推理过程可表示如下：

大前提：因为 A 比 B 等级高（或低）→推论：所以如果 A 发生某一事实，则 B 更加会发生相同事实。

小前提：A 发生了某一事实了。　　→推论：B 更如此。

由于"况 B"后文事实的省略，导致前句"A 如此"和后句"况 B"的结果需要语用推理实现，"况 B"承担连接前后推理事实，导致"况 B"由比较和引出 B，重新分析演变为连接前后推理意义。因此，"况"的递进义主要源于其表比较产生的层递意义，通过语用推理和重新分析，最终演化为递进连词。

所以，"况"的演化路径为：况（动词：比较）＞况（连词：递进）

三　乃至

"乃至"是副词"乃"和动词"至"凝定而成，"至"，《说文·至部》释为"鸟飞从高下至地也"，"来到"义由此引申而来，上古早期就有"乃至"结合使用的情况，例如：

（1）玄德深矣、远矣！与物反矣。然后乃至大顺。(《老子·六十五》)

（2）官宿其业，其物乃至。(《左传·昭公二十九年》)

（3）吴、晋争长未成，边遽乃至，以越乱告。(《国语·吴语》)

（4）越之左军、右军乃遂涉而从之，又大败之于没，又郊败之，三战三北，乃至于吴。(《国语·吴语》)

"乃至"在上古时期有用作具体空间位移义的，如例（2）和（4），还已经产生出了结果义，即由于某种原因导致出现某种动作、状态或抽象的局面，如例（1）中"大顺"、例（3）中"边遽"。从空间位移义到结果义的产生机制主要是隐喻，因为表位移的"到达"或"来到"与某种原因导致的结果具有相似性，位移某种程度上可以看成"到达"或"来到"某处的原因，而"到达"或"来到"某处可以看成位移的结果。

当"乃至"后接宾语时，有时候会后接"于"引出对象或结果，如例（4）的"乃至于"，还有如"凿之二尺，乃至于泉"(《管子·地员》)。

西汉以后，"乃至"产生递进连词用法，例如：

（5）天下之卿相人臣，乃至布衣之士，莫不高贤大王之行义，皆愿奉教陈忠于前之日久矣。(《战国策·赵策二》)

（6）形殊性诡，所以为乐者，乃所以为哀；所以为安者，乃所以为危也。乃至天地之所覆载，日月之所照忌，使各便其性，安其居，处其宜，为其能。(《淮南子·齐俗训》)

例（5）的"布衣之士"和"卿相人臣"在等级上具有明显的递

进关系，例（6）的"天地之所覆载，日月之所照忌"和"形殊性诡，所以为乐者，乃所以为哀；所以为安者，乃所以为危也"也存在范围和程度上的差异。上面两例分别连接体词和谓词，正是中古时期典型的递进连词形式，这种形式在上古时期还处于萌芽阶段，数量很少。

递进关系的"乃至"很可能由表结果义的"乃至"发展而来：首先，结果义与递进义具有关联性，"乃至"所表述的结果关系，往往是在某种动作状态作用下导致的后果，这种后果相对于其原因来说在程度上更进一步，给人的心理上造成的预期也会加深，从而产生递进义；其次，从语法功能上来说，当表结果义的"乃至"后面出现别的动词充当谓语动词时，"乃至"会在语义上减弱为句子的非重心成分，从而逐渐退出句子主要动词角色，产生连词用法。例如：

(7) 其所以变其情，易其性，则异矣；乃至于弃其所为而殉其所不为，则一也。（《庄子·盗跖》）

上例"乃至于"后面出现了"弃其所为而殉其所不为"这一谓词性成分，这一成分显然是句子的语义重心，而"乃至于"则逐渐成为修饰连接成分。由于上古时期"乃至"的连词用法不多，我们对其演化机制和过程还需要进一步探讨。

因此，"乃至"的演化路径为：乃（关联副词）+至（空间位移动词）＞乃（关联副词）+至（结果位移动词）＞乃至（递进连词）

本章小结

本章讨论了15个递进连词的使用及演化情况，这些连词是：并、不但、不独、非但、非独、非唯、非惟、乃至、何况、况、况复、况乃、岂况、而况、且。

首先来看其使用情况。"并"属于后置定位连词，只连接谓词性成分，受源词影响，"并"的连接项多具有动作前后相承的关系；"不但"和"非但"由否定副词"不"和"非"与限制性副词"但"组合而成，语法功能比较完备，可以前置和后置，可以连接体词和谓词，且其连接项在句子中的位置不固定，特点是多用作范围、程度和时间递进；"不独"和"非独"由副词"不/非"和表"单独""独自"义的副词"独"合并而成，其功能比较完备，和"不但""非但"相似，特点是多表范围和程度的递进；"况"是中古时期使用频率较高的递进连词，其语法功能比较成熟，可以连接各类句法成分，且构词能力比较强，特点是可以深证浅，也可以由浅入深，多用于疑问句和感叹句；"况复"是由"况"加连词后缀"复"复合而成，主要出现在汉译佛经中，"况复"后面所带词语音节较少时，其所带连接项一般为双音节词语；"况乃"是"况"类递进连词中使用频率较低的一个，由递进连词"况"和判断副词"乃"复合而成，"况乃"所带连接项音节较少时，多为双音节和四音节词语；"岂况"是由疑问副词"岂"和连词"况"复合而成，"岂况"带有强烈的主观情感，大部分出现于反问句中，"岂况"极少连接四音节词语；"何况"是"况"类递进连词中分布较广泛的一个，多连接体词，多用于反问句；"而况"很可能由承接连词"而"与递进连词"况"凝定而成，它多连接对比焦点，连接项无音节限制，句末语气词多用"乎"；"且"主要用作句间连词，可以深证浅，也可以由浅入深；"乃至"具有句内连接和句间连接功能，句间连接多用事例说明程度；"非唯"是中古时期使用频率不高的一类双音节递进连词，它主要出现于中土文献中，其特点是多为范围递进连词；"非惟"和"非唯"意义和用法基本相同，不同之处是"非惟"有时会出现于连接后项位置。

其次是递进连词的来源和演化情况。"并"的来源，"并"本义为动词，表"并列、并排"之意，后产生了副词义"一起、一并""都、皆",从句法位置、意义和用法上综合考虑,我们认为递进连词用法源于其副词用法;"况"本义为"寒水"一说还有待证明,递进连词用法的产生可能源于其早期义项"情形",由这一义项产生"比较"义,进而产生"更加"副词义项,最后由副词义演变为递进连词;"乃至"是副词"乃"和动词"至"凝定而成,当"乃至"后接宾语时,会后接"于"引出对象或结果,递进关系的"乃至"很可能由表结果义的"乃至"发展而来,西汉以后,"乃至"产生递进连词用法。

第五章 中古汉语联合关系连词的使用特点

第一节 数量及分布特点

一 数量特点

关于中古时期联合关系连词的数量，学术界的成果还不多，暂时还没有权威的可供参考的成果。范崇峰[①]统计了魏晋南北朝佛教文献中的联合关系连词，该文统计的连词不限于单个连词，还包括多个连词搭配的格式，范文认定有并列连词 16 个，承接连词 55 个，递进连词 22 个，选择连词 14 个。徐朝红的博士论文《中古汉译佛经连词研究——以本缘部连词为例》（2008）统计的联合关系连词一共 69 个，其中并列连词有 18 个，分别是：并、并及、并与、逮、共、合、或、及、及以、及与、及于、兼、将、乃至、且、若、亦、与；承接连词有 18 个，分别是：而、而便、而乃、然后、然则、遂、遂尔、遂复、遂乃、因、因便、因而、因复、因即、于是、则、则便、至于；选择连词有 9 个，分别是：或、或当、或复、若、若或、为、为当、为复、

---

① 范崇峰：《魏晋南北朝佛教文献连词研究》，硕士学位论文，南京师范大学，2004 年，第 42 页。

为是；递进连词有24个，分别是：并、并复、不但、不独、而况、而且、非但、非独、何况、加、加复、兼、兼复、兼且、况、况复、况乃、况是、岂况、且、又且、乃至、犹、犹尚。上述成果还不是正式出版的专著，且主要是以汉译佛经中的连词为研究对象，所以我们只是暂时拿来作为参考。我们的统计和徐文大部分是相同的，但也有不同之处，主要有三方面的原因：首先，统计材料不同，徐文统计的是汉译佛经中的连词，中土文献没有统计；其次，判断标准不同，由于连词词类系统不是一个可以截然分开的系统，不同的人判断标准不同必然存在偏差；再次，使用频率的问题，有些连词只在汉译佛经中出现，且使用频率极低，所以我们没有计算在内。

本书统计得出中古汉语联合关系连词共67个，其中并列连词13个，分别是：并、并及、共、合、及、及以、及于、及与、兼、将、且、与、亦；承接连词20个，分别是：而、而便、而后、而乃、然后、然则、若、若夫、若乃、因、因便、因而、因复、因即、于是、则、则便、则是、则遂、至于；选择连词有11个，分别是：或、或当、或复、若、若或、宁、宁可、为、为当、为复、为是；递进连词23个，分别是：并、并复、不但、不独、而况、而且、非但、非独、非唯、非惟、何况、加、加复、况、况复、况乃、况是、岂况、乃至、且、又且、犹、犹尚。这些连词中单音节连词有22个，双音节连词45个。当然，我们的统计也并非一定正确，因为涉及连词界定标准、统计材料、使用频率等问题，必定是见仁见智。我们的统计有一定数据和例子支撑，能够基本反映中古汉语联合关系连词的概貌。

二 分布特点

我们选择的中古汉语语料主要包括汉译佛经和中土文献两大类，

汉译佛经"重方言俗语而不重梵语""重口语而不重书面语""重白话而不重文言"①，形成了其不避俚俗、通俗晓畅、便于说唱的特点，基本上"反映了汉末以后四百余年间汉语的实际情况"②。但由于受译者及译经影响，汉译佛经也带上了一些中介语性质，形成了佛经混合汉语的现状。所以汉译佛经和中土文献在语料上可以互为补充，我们主要从这两方面比较联合关系连词在文献中的分布情况。

根据搜集到的语料情况来看，中古汉语联合关系连词的分布有三种情况：一是在中土文献和汉译佛经中出现比较均衡；二是多出现于中土文献；三是多出现于汉译佛经。下面我们主要将本书重点讨论的49个连词进行分布统计，这些连词包括并列连词9个，承接连词15个，选择连词10个，递进连词15个。其分布情况如表5-1所示。

表5-1　　　　　　　中古汉语联合关系连词的分布情况　　　　　　　单位：个

	多见于中土文献	多见于汉译佛经	两者均衡分布
并列连词		并、共、及以、及于、及与	并及、及、且、与
承接连词	而后、至于、然则、若夫、若乃、因、因便、因而、因复、因即		而、然后、于是、则、若
选择连词	或当、宁	或复、若、为当、为复、为是	或、宁可、为
递进连词	不独、非独、况、况乃、而况、且、非唯、非惟	并、况复、岂况、乃至	不但、非但、何况
合计	20	14	15

表5-1显示，中古汉语联合关系连词的分布具有如下特点：首先，多出现于中土文献的连词（20个）略多于多见于汉译佛经中的连

---

① 孟昭连：《汉译佛经语体的形成》，《中南民族大学学报》（人文社会科学版）2009年第2期。

② 俞理明：《汉魏六朝佛经在汉语研究中的价值》，《四川大学学报》（哲学社会科学版）1987年第4期。

词（14个），还有15个为均衡分布，三者所占比例分别为40.8%、28.6%和30.6%，互相基本处于一个均势状态；其次，单音节连词多均衡出现（8个），在中土文献（4个）和汉译佛经（4个）中的单音节连词明显少于均衡出现的连词；再次，连词小类在不同文献中的表现各有特点，并列连词和选择连词在汉译佛经中的出现频率明显高于中土文献，它们在汉译佛经中均为5个，而在中土文献中分别只有0个和2个，而承接连词和递进连词则恰恰相反，它们在中土文献中分别有10个和8个，在汉译佛经中分别只有0个和4个；最后，分布比较均衡的连词大多是使用频率较高且使用时间较长的连词，15个连词中使用频率较高的有7个，分别是：及、与、而、然后、于是、则、若，这些连词均是所处小类中使用频率居于前列的词汇。另外，15个连词中有12个一直沿用至现代汉语，只有"并及"（并列连词）、"若"（承接连词）和"为"（选择连词）没有传承下来。

第二节 类型特点

要讨论中古汉语联合关系连词的类型特点，必须把它和上古汉语进行比较。有些人对上古汉语连词做过一些统计，如管燮初[1]统计了12个并列连词、12个承接连词、1个递进连词；向熹[2]列举了9个并列连词和1个承接连词；潘允中[3]列举了2个并列连词；张玉金[4]认为甲骨文有4个并列连词；易孟醇[5]列举了先秦单音节连词138个（兼类重复统计）和双音节连词66个。总之，学术界对上古汉语联合关系

---

[1] 管燮初：《西周金文语法研究》，商务印书馆1981年版，第162—167页。
[2] 向熹编著：《简明汉语史》（下），高等教育出版社1993年版，第98—99页。
[3] 潘允中：《汉语语法史概要》，中州书画社1982年版，第142页。
[4] 张玉金：《甲骨文语法学》，学林出版社2001年版，第88页。
[5] 易孟醇：《先秦语法》，湖南教育出版社1989年版。

连词的研究表明，上古汉语连词的数量较少，还不成系统，基本上处于萌芽状态。中古汉语联合关系连词不仅在数量上大量增多，而且在意义表达上更加丰富和严谨，但和近代汉语连词比较仍然存在兼义词和同义词较多、表达不够规范和多样化等特点。

一 连接功能体系较完备

上古汉语基本建立了并列、承接、选择和递进范畴，但这些范畴有的连接功能还不成熟，分工不太明确，要表达这些范畴时主要依靠语境或其他词类来表示。中古时期则是连词系统基本成熟的时期，特别是东汉前后产生了大量新词。下面分别就并列、承接、选择和递进四种连词论述其体系发展。

首先看并列连词。并列连词在中古时期新产生了"并"类连词、"及"类复音词和"共"。"并""及"类连词可以连接多项成分，而且可以和其他连词联合使用，这扩展了并列连词的用法；"及"类复音词的一个重要特点是其后连接双音节词语，这使得并列连词在音步和节律上更加和谐；连词"共"只连接体词，且只充当主语，可以和其他连词形成互补。其次是承接连词，先秦承接连词比较丰富，大部分中古承接连词都承继自先秦，中古时期某些承接连词在功能上有了新的发展，很多承接连词（如"至于""若""若夫""若乃"）能够转承多项新话题，先秦时期虽然也有这一功能，但连接话题数量和使用频率远不如中古时期多。再次是选择连词，中古选择连词绝大部分为新产生连词，先秦时期这一词类是比较缺乏的，除了"宁""宁可"等少数已定选择连词，未定选择连词极度缺乏，中古时期产生了数量庞大的未定选择连词，有"或、或当、或复、若、为、为当、为复、为是"8个之多，这些连词既有能用于陈述式选择的，也有用于疑问式选择的，而且很多连词所带连接项十分自由，在出现位置、连接词类和连接项的数量上都十分全面,极大地丰富了汉语选择连词的功能。最后是递进连词,中古递进连词也大多为新产生连词,特别是"否定副词+范围副词"类递进连词均为中古时期新产生,这类递进连词可以连接体词和谓词,多表时间、范围和程度方面的层进,在连接词类上弥补了上古时期递进连词连接体词的连词数量不多,以及连接递进类型种类不多的缺憾。先秦时期只有承递连词,"否定副词+范围副词"式预递连词的产生使得汉语在先秦以后的递进连词类型日益完备。总之,中古时期是汉语连词发展成熟的重要时期,这一时期一些新的连词小类不断产生,另外一些原有连词功能也日益丰富。

二 同义和兼类现象较多

中古时期是一个战乱频发的时代,国家长期分裂,人民迁徙不定,民族交汇融合,客观上促进了文化的传播和交流,对汉语的发展也产生了重要影响。这一时期上承秦汉,下启唐宋,汉语许多重大语法现象在此时产生,如"把"字句的产生,体助词"着""了""过"的产生,词尾"子""儿""头"的广泛应用等。语言大发展时期也伴随着语言不规范现象的衍生,中古时期受尊古思想的影响导致言文分离,同时国家分裂、民族融合导致方言和语言接触及融合现象大量产生,汉语出现了大量的同义词和兼类词,这种现象在联合关系连词中也大量存在,下面分同义和兼类现象分别论述。

首先来看同义现象。中古汉语连词同义现象十分普遍,最直接的表现是单音节连词和以单音节词为基础构建的双音节词之间意义基本是相同的,如"并"和"并及","及"和"及以""及于""及与","若"和"若夫""若乃","为"和"为当""为复""为是","况"和"况复""况乃""岂况",等等,单音节词和双音节词意义基本相同，用法也大致一样，虽然有时候双音节词用法可能更偏重于单音节词的某一方面，但其意义和功能完全可以被单音节词代替。此外，构词语素不同的连词之间同义现象比较普遍，如并列连词"并""及""与"，承接连词"然后""于是""然则""因""至于""若"，选择连词"或""若"，递进连词"不但""非但""不独""非独""非唯""非惟"，等等，这些词在意义甚至用法上实际上区别并不是很大，很多完全可以合并为一个词。

其次是兼类现象。中古时期语言变化较大，大量新词短时间内涌现出来，由于言文分离、方言的影响和外语的融合，很多词短时间内难以规范，一词兼有多种词性的现象十分普遍。连词的兼类现象于单音节连词而言表现得尤为明显，许多单音节词刚刚在上古产生虚化现象，中古时期由于表达的复杂化和精密化，这些词又新增了不少虚词意义，这直接导致兼类现象的产生。很多连词兼有多个词性，单音节连词表现得尤为明显，如在中古时期并列连词"及"还具动词（"追上""涉及"义）和介词（"乘""趁"义）性质；承接连词"则"还具有名词（"等级"义）、形容词（"均等"义）、动词（"衡量"义）、副词（"立即"义）性质；选择连词"或"还具有代词（"有人"义）、副词（"又"义）和助词性质。很多连词不光在大的词类上具有兼类性质，在某一词类小项上也可以兼具多种功能，如连词"若"兼有选择和假设功能，"且"兼有并列、选择、递进、转折、假设、让步等功能。即使是跨层结构也经常兼具短语和词的性质，如"乃（副词）+ 至（动词：空间位移）""乃（副词）+ 至（动词：结果位移）"和"乃至（递进连词）"同时并存，"而（承接连词）+ 后（副词）"和"而后（承接连词）"同时并存。总之，词的兼类现象在上古时期就比较普遍，在中古时期虽然表达更加严谨，但还没有摆脱这一现象。

三 双音节占优势格局基本形成

汉语最自然、最基本和一般的音步是双音节音步①,这种自然音步从春秋战国到两汉时期初步萌芽,魏晋南北朝时期逐步发展定型,双音节词自此在汉语词类音节中居于统治地位。中古双音节格局的形成一方面表现在双音节词汇在总词汇中所占比重较大,另一方面表现在其构成方式的成熟上,下面分别论述。

双音化现象在中古汉语联合关系连词中同样表现得十分明显,根据统计,中古汉语67个联合关系连词中有45个双音节连词,所占比例为67.2%,双音节词的优势十分明显。这些双音节连词中并列连词有4个,分别是:并及、及以、及于、及与;承接连词16个,分别是:而便、而后、而乃、然后、然则、若夫、若乃、因便、因而、因复、因即、于是、则便、则是、则遂、至于;选择连词有7个,分别是:或当、或复、若或、宁可、为当、为复、为是;递进连词有18个,分别是:并复、不但、不独、而况、而且、非但、非独、非唯、非惟、何况、加复、况复、况乃、况是、岂况、乃至、又且、犹尚。它们在总数中的比重请看表5-2。

表5-2 　　　　　中古汉语联合关系连词的音节情况　　　　　单位:个;%

音节	并列连词 单音节	并列连词 双音节	承接连词 单音节	承接连词 双音节	选择连词 单音节	选择连词 双音节	递进连词 单音节	递进连词 双音节
数量	9	4	4	16	4	7	5	18
比重	69	31	20	80	36	64	22	78

表5-2显示,除了并列连词双音节比重低于单音节,其他三类连词双音节比重均高于单音节,其中以承接连词相差最为悬殊,为80%

---

① 冯胜利:《汉语的韵律、词法与句法》,北京大学出版社1997年版,第3页。

对20%，递进连词相差也十分大，为78%对22%。不过，虽然双音节连词在数量上取得了绝对优势，但在使用频率上却还是远远落后于单音节连词，如"或"和"或当""或复""若或"，"为"和"为当""为复""为是"，"并"和"并复"，"况"和"况复""况乃""何况""岂况"，根据我们的统计，都是前者的使用频率远高于后者。

中古时期联合关系连词双音节格局的形成还表现在双音节的构成形式已经比较成熟，一批使用频率高、构词能力强的单音节词通过各种方式构成了大量双音节词。这些复音构词方式包括附加词缀法（如"因复""为当"）、同义复合（如"并及""或当"）、跨层组合（如"不但""至于"）、偏正组合（如"乃至"）等。中古时期产生了一批能产的词缀"复""当"，构成了相当多的连词，而上古时期的词缀"乎""于""其""乃"等构词能力日益减弱。

第三节 语法功能特点

一 句法特点

关于中古汉语联合关系连词的句法功能特点，我们主要从连接项所处的句法位置、连接项的词类性质和连接的语言单位层级三方面进行讨论。首先是连接项所处的句法位置。49个联合关系连词中，定位连词有28个，非定位连词21个，定位连词略多于非定位连词。这表明中古联合关系连词大部分位置比较固定，语法功能还不是很灵活。定位和非定位连词在各个连词小类中的表现并不一致，如并列连词定位连词和非定位连词分别为2个和7个，承接连词分别为11个和4个，选择连词分别为4个和6个，递进连词分别为11个和4个，并列和选择连词定位连词少于非定位连词，而承接和递进连词定位连词多于非定位连词。定位连词多出现于句首和主语前位置，偶尔出现于主语后位置，非定位连词常常出现在无主句句首位置、主语前、主语后谓语前、谓语和宾语位置，出现在定语、状语和补语位置的连词较少。

其次是连接项的词类性质。49个联合关系连词中单纯连接体词的只有2个并列连词"共""及于"，单纯连接谓词的有16个，分别是：并列连词"且"，承接连词"而、然后、于是、则、然则、因、因便、因而、因复、因即"，选择连词"宁、宁可、为复"，递进连词"并、且"。剩下有31个连词既可以带体词，也可以带谓词。这表明大多数联合关系连词兼具连接体词和谓词的能力，但从我们实际搜集的材料来看，这些两者都能带的连词通常带谓词的频率远高于带体词的频率，所以总体上来看还是带谓词的情况更多一些。当然，带体词还是谓词不同连词类型各有特点，如并列连词单纯带体词、带谓词和两者皆可的分别为2个、1个和6个，承接连词分别为0个、10个和5个，选择连词分别为0个、3个和7个，递进连词分别为0个、2个和13个。这表明并列连词的特点是单纯带体词的数量多于带谓词的，承接连词的特点是单纯带谓词的远多于其他两类，选择连词的特点是两者皆可的最多，递进连词的特点是两者皆可的占有绝对优势。

最后是连接的语言单位层级。49个联合关系连词中连接语言单位层级情况如下：并列连词句内连接、句间连接和两者皆可的分别为9个、0个和0个，承接连词分别为0个、13个和2个，选择连词分别为1个、6个和3个，递进连词分别为0个、12个和3个。总计句内连词10个、句间连词31个、两者皆可的8个，句间连词远多于其他两类。说明中古联合关系连词主要起连接句子作用，句内连接和句内、句间连接皆可的连词个数大致持平。当然，不同小类连词各有特点：并列连词以句内连接为主，其他两类极少；承接连词句间连词远多于其他两类，占有绝对优势；选择连词句间连词为主，两者皆可的次之；递进连词句间连词占有绝对优势。

二 语义特点

中古汉语联合关系连词的语义功能特点主要表现在其受源词影响，保留了很多源词的特点。中古是很多汉语连词最初产生与发展的时期，很多连词的语义功能还处于初期发展阶段，受保留原则的影响残存很多源词的特点。这种语义残留一方面表现在其连词化过程中有些词的语义上的解读具有源词和连词两可的情况，另一方面表现在受源词语义影响，某些连词的用法保留了源词的特点。如并列连词"共"只位于主语位置、只连接体词，这是因为"共"的演化过程为："共（动词：共同具有或承受）＞共（副词：共同、一起）＞共（介词：同、跟）＞共（并列连词：和）"，本来"共"在作动词时并没有对宾语语义类型的限制，但当它连接别的词修饰后面的动词，其本身虚化为介词后，开始主要连接表人名词，形成"NP_1 + 共 + NP_2 + VP"结构，表示某人和某人一起从事某动作，它在介词阶段的意义和用法对连词阶段也产生了影响，因此作为连词才产生了只位于主语位置、只连接体词的用法。另外，"共"受源词影响还表现在其连接项是否具有平等性上。"共"的源词动词义为"并排、并列"，表示两个人或事物之间的并列关系，这两个人或事物之间并没有主次和先后关系，直接导致其连词化之后所带连接项之间一般没有主次之分，而并列连词"及"源词动词义为"追及"，由于"追及"的主体和客体之间有施动和受动关系，导致"及"连词化之后有主次之分。中古还有很多连词表现出如上特点，如"而后"的源结构为"而（承接连词）+ 后（副词）"，所以连词"而后"受时间副词"后"的影响，其所带连接项多侧重时间先后关系的承继；"然后"的源结构为"X 然，后 Y"，其中的"然"为代词"这样"，表示结果形成之后的新情况，因此连词化后的"然后"所带连接项不仅具有时间先后关系，往往还有条件、结果等附加事理关系。

三 语用特点

　　中古汉语联合关系的语用特点同样与其源词有着直接关系，很多连词的语用特点直接可以由其源词出现的语言使用环境就可以推知。如中古汉语选择连词中，"或、或当、或复、为、为当、为复、为是"为未定选择连词，"宁、宁可"为已定选择连词，这和"或""为""宁"的源词用法直接相关："或"在上古汉语中作无定代词时常常并列使用，列举同时或分别出现的情况；"为"作语气副词时常出现在对话语体中，问话者经常要探究哪一个选项符合事实，希望听话人在两个提供的选项中选择一个作为回答；"宁"作表心理活动的能愿动词时带有强烈的主观意愿，经常被用来表示说话人对客观事实或意愿的看法，从而使听话人产生了对心理意愿的选择问题。上述语义和语言环境，导致"或"类和"为"类连词出现在未定选择句中，"宁"出现在已定选择句中。另外，受源词影响，这几类词出现的语言环境也跟源词具有一致性。如"或"连接的选项一般是对于客观事实或状态的描述，很少带上主观色彩，是因为上古汉语中的无定代词"或"常常并列使用，列举同时或分别出现的情况。又如"为"只出现在疑问句中，用于疑问选择，是因为"为"作语气副词时经常出现在对话语体中，问话者经常要探究哪一个选项符合事实，希望听话人在两个提供的选项中选择一个作为回答。又如"宁"带有强烈的主观情感，说话者用它表达只此非彼的选择，这种情感常表现在连接项之间意义的对比上，是因为"宁"作表心理活动的能愿动词时，带有强烈的主观意愿，经常被用来表示说话人对客观事实或意愿的看法。

本章小结

本章从共时层面讨论了中古汉语联合关系连词的数量和分布、类型特点和功能特点。

首先是数量和分布。关于中古汉语联合关系连词的数量，还没有权威的统计资料，本书统计得出中古汉语联合关系连词共 68 个。考虑到连词界定标准、统计材料、使用频率等问题，上述连词的数量还可以进一步增加。关于中古汉语联合关系连词的分布，我们主要粗线条的从中土文献和汉译佛经两类进行了统计，我们主要根据多出现于中土文献、多出现于汉译佛经和两者分布较均匀三种情况进行了分析，发现中古汉语联合关系连词在这三种类型中的出现情况基本处于一个均势状态，但也有一些特点：单音节连词多均衡出现，连词小类在不同文献中的表现各有特点，分布比较均衡的连词大多是使用频率较高且使用时间较长的连词。

其次是类型特点。本书从三个方面对此进行了论述。第一，体系更加完备，中古时期则是连词系统基本成熟的时期，特别是东汉前后产生了大量新词，这一时期一些新的连词小类不断产生，另外一些原有连词功能日益丰富。第二，同义和兼类连词多，中古汉语连词同义现象十分普遍，最直接的表现是单音节连词和以单音节词为基础构建的双音节连词之间意义基本是相同的。另外，言文分离、方言的影响和外语的融合，导致很多词短时间内难以规范，一词兼有多种词性的现象十分普遍。第三，双音节连词格局基本形成，中古双音节格局的形成一方面表现在双音节词汇在总词汇中所占比重较大，另一方面表现在其构成方式的成熟上。

最后是功能特点。本章分别从句法、语义和语用功能三方面进行了论述。关于句法功能特点，我们主要从连接项所处的句法位置、连接项的词类性质和连接的语言单位层级三方面进行讨论，根据统计分析得出了一些结论。关于语义和语用特点，我们主要从源词对连词的影响出发进行了探讨。从语义上来看，这种语义残留一方面表现在其连词化过程中有些词在语义上的解读具有源词和连词两可的情况，另一方面表现在受源词语义影响，某些连词的用法保留了源词的特点。从语用上来看，很多连词的语用特点直接可以由其源词出现的语言使用环境就可以推知。

第六章 中古汉语联合关系连词的历时演变

第一节 语法化路径

连词往往是语法化链中的最后一环,其来源有名词、动词、代词、副词、介词等,甚至包括前置词、后置词等格形式标记及派生词缀[①]。汉语连词来源的多样性有三方面原因:首先,由于连词的典型位置是位于主语前后,但汉语主语经常不出现,处于句首位置的可以是谓语、定语、状语,而很多实词或虚词都可以出现在这些位置,都可能演化为连词,这直接导致了汉语连词来源的多样性[②];其次,汉语连词还包括句内连词,很多充当谓语的动词在后面出现另外一个连动成分后,其功能会逐步虚化为起连接作用,这类成分也容易演化为连词;再次,汉语属于"意合"性质的语言,语言单位之间没有形态标记,边缘界限不是十分清楚,句内成分在功能虚化后容易被重新分析为连接成分。中古汉语联合关系连词的主要源词有动词、副词、介词、名词和代词,下面我们分别论述。需要说明的是,我们讨论的源词既包括直接来源

---

① Hopper, P. J. & Traugott, E. C., *Grammaticalization*, Cambridge: Cambridge University Press, 1993, p. 177.

② 席嘉:《近代汉语连词》,中国社会科学出版社2010年版,第349页。

关系的源词,也包括间接演化关系的源词。

一 动词演化为连词

动词是中古汉语联合关系连词的主要来源词,动词与并列连词、承接连词、选择连词和递进连词都具有演化关系,但动词在四类连词中的数量、所起的作用和表现都不相同。并列连词与动词关系最密切、数量最多,其次是选择连词和递进连词,承接连词来源于动词的较少。以动词为源词的连词情况见表6–1。

表6–1　　　　　　　　源于动词的连词分布情况　　　　　　　　单位:个

类型	目标词	数量
并列连词	并、共、及、及以、及与、及于、与	7
承接连词	至于、则、因	3
选择连词	宁、宁可、为	3
递进连词	并、乃至、况	3

表6–1显示,共有16个连词的源词为动词,数量非常多,表明动词和连词的相关度非常高,其中并列连词有7个源词为动词,高于其他三类连词。Traugott[①]认为语篇中词汇语法化的条件主要有语义相宜(semantic suitability)、结构相邻(constructional contiguity)及频率因素。动词之所以能演变为连词,一是因为其语义特征与该连词语义有较密切的关系,二是因为源词的句法位置适合其演变为连词。下面分别从语义演变和句法演变两方面论述。

动词的语义特征和连词的存在继承演化关系,动词具有适合演变为连词的某些次范畴特征。首先来看并列连词"并""共""及"

---

① Traugott, Elizabeth C., "Grammaticalization and Lexicalization", in Brown, E. K. & Miler, J. E. & Brown, K. (ed.), *Concise Encyclopedia of Syntactic Theories*, Oxford, New York: Pergamon, 1996.

"与"。动词"并、共、及、与"之所以可以演变为并列连词,是因为这些词都具有"伴随"或"参与"义。吴福祥[1]发现汉语存在"伴随动词>伴随介词>伴随连词"的语法化链,我们的看法与其基本一致,但也有不同之处:有些动词并不一定会经历伴随介词阶段,如"并"的演化路径为"并(动词:并排、并列)>并(连词:并列)";有些动词在动词和介词之间可能会有其他语法化链的增加,如"共(动词:共同具有或承受)>共(副词:共同、一起)>共(介词:同、跟)>共(连词:并列)"。虽然有不同观点,但"伴随动词>伴随介词>伴随连词"可以作为一个大致的语法化链来概括动词到并列连词的演化过程。这类动词的演化路径之所以具有如此高的一致性,主要是因为它们具有共同的语义特征——[+伴随],有"伴随"义的动词具有连接另一个事物的强制性要求,如"共(共同具有或承受)""及(追及)""并(并排、并列)""与(偕同、与……一起)",它们后面必须连接一个强制性参与成分,而且这一参与成分在地位上与动作主体之间没有明显的偏正关系,二者处于一个平等地位。这种强制性的语义要求与并列连词的功能具有天然的联系,也就是Traugott(1996)所谓的"语义相宜"性,这是其演化为并列连词的根本动因。

　　承接、选择和递进连词的源词与目标词的语义相宜性不像并列连词那样整齐划一,各个连词都有一些自己的特点。首先来看承接连词"至于""则""因"。"至于"是动词"至"和介词"于"的跨层组合演变为承接连词,这一组合语义上主要是通过动作到达某一结果与承接形成相似性关系,因为承接是前后两个事件或状态的相承关系,这种相承关系与空间距离的接近关系具有一致性,所以能够形成演化

---

[1] 吴福祥:《汉语伴随介词语法化的类型学研究——兼论SVO型语言中伴随介词的两种演化模式》,《中国语文》2003年第1期。

关系;"则"的"效法"义与承接关系具有一定意义上的相似性,即"效法"具有学习前人思想、行为义,这种用法具有一定的相承关系,所以"效法"义有可能演变为承接关系义;"因"的动词义为"趋近""相就""依靠",这一意义含有动作主体靠近另一事物之意,"因依""因就"本身含有通过某一动作使得两种事物接近之意,很容易延伸出顺势而为、前后相承之意。其次来看选择连词"宁"和"为"。"宁"作为能愿动词本身是表达个人心理意愿的,它具有主观选择性,这与选择连词在语义上具有极高的相关度;"为"本身为实义动词"做",后抽象化为判断系词,由于判断系词需要表达个人对事物的看法,因此容易带上主观性,后产生"确认""认定"主观选择性,其意义和选择连词也是具有较高的一致性。最后是递进连词"并""乃至""况"。动词"并"有并联另一事物之意,从而产生"一起""一并"义,表示另提一个相关动作,多数情况下这种相关动作具有前后相继或连带关系,而这种前后相继关系具有发展渐进性,从而逐步衍生出递进功能;"乃至"则是根据具体位移动作到达处所义与递进关系的前后层进性的相似性发展而来;"况"的递进义与"比较"义同样关系密切,"比较"能产生对两个事物关系深浅的认识,层进关系也由此而来。

  动词演变为连词与其句法功能也有密切关系,动词演化为联合关系连词主要有两种句法手段,一是动词前后另外出现一个动词性成分,源动词从主要谓语动词转变为次要连接性成分;二是动词本身由实义动词逐步虚化为连接性成分。大部分动词演变为连词经历了从主要谓语动词到修饰性成分再到连接成分的过程,动词的连词化往往伴随着句法位置的边缘化过程。最典型的是并列连词的源动词"并""共""及""与",其中"共""及""与"后面附有核心谓语动词短语,经历了介词化阶段;"并"虽然没有经历介词化阶段,但也经历了前面或者后面出现另一个谓语动词的过程。有些动词的连词化主要原因并非由于出现了后附连动成分而逐渐被边缘化，而是因为动词本身意义变化及所带宾语成分的变化导致的连词化。如承接连词"至于"的源结构"至（动词）+于（介词）"，其原始意义为"到达某处"，后其宾语泛化为前一动作或状态之后达到的另一动作或状态，"至于"由连接处所向连接动作和事件发展，后来产生事理位移发展为提起后一事件功能。

二　副词和介词演化为连词

连词往往是虚化链最后一环，但多数连词并非直接由实词虚化而来，有相当多的连词经历了副词化或介词化的中间环节。这种现象与副词和介词的功能性质直接相关，副词是主要充当状语，具有限制、描摹、评注、连接等功能的半开放词类[①]；介词是"起标记作用，依附在实词或短语前面共同构成介词短语，整体主要修饰补充谓词性词语，标明跟动作、性状有关的时间、处所、方式、原因、目的、施事、受事、对象等"[②]。副词和介词相对于连词来说，虚化程度不高，具有一定实在意义，主要起修饰限制谓词性词语作用，这种用法正是演化为虚化程度高、主要起连接作用的连词的理想中介，所以相当多的连词语法化过程中直接或间接经历了副词或介词的虚化环节。

同样，副词和介词在四类连词中的数量、所起的作用和表现都不相同。递进连词与副词和介词关系最密切、数量最多，其次是并列和承接连词，选择连词来源于副词和介词的较少。以副词和介词为源词的连词情况见表6-2。

[①] 张谊生：《现代汉语副词研究》，学林出版社2000年版，第10页。
[②] 黄伯荣、廖序东主编：《现代汉语》（增订四版下册），高等教育出版社2007年版，第28页。

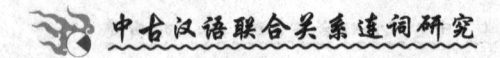

表 6-2　　　　　　源于副词、介词的连词分布情况　　　　　　单位：个

类型	目标词	数量
并列连词	及以、及与、及于、与	4
承接连词	而后、至于、于是、因	4
选择连词	为	1
递进连词	并、不但、不独、非但、非独、非唯、非惟、乃至、何况、况、况乃、岂况	12

表 6-2 显示，副词、介词和连词的相关度十分高，特别是递进连词，所占比重最大。下面按照并列、承接、选择和递进连词顺序分别论述副词和介词在连词化过程中的句法语义演变过程。

首先是并列连词。并列连词中的副词和介词在连词化过程中的演化有两种情况：一是副词或介词作为单音节连词源词演化的中间环节，从意义和功能上逐步演化为连词，如"与"；二是副词或介词作为双音节连词中的某一成分起连接标记作用，例如"及以""及与""及于"。连词"与"源词为表伴随或参与的动词，其后强制性连接伴随对象，当出现后续动作或事件后，"与"连接语义开始虚化，主要起引出伴随对象作用，从而为进一步完全虚化为连接功能连词奠定基础；连词"及以""及与""及于"分别由跨层结构"及（连词）＋以（介词）""及（连词）＋与（介词）""及（连词）＋于（介词）"演化而来，介词"以""与""及"主要是起引出动作"及"的对象作用，是一个介引标记词。

其次是承接连词。承接连词中的副词和介词在连词化过程中的演化同样分为单音节（如"因"）和双音节（如"而后""至于""于是"）两种情况。单音节副词本身的意义和功能具有连接性，而双音节连词中的副词或介词是因为起到标记先后关系或承接事物关系，与另一成分共同凝聚成承接连词。单音节副词"因"源于动词"因就"，这一意义含有主体靠近客体或主体按照客体作出动作之意，当后面出现后续结果时从而滋生"因袭"副词义,"因袭"义和顺承关系义十分接近,很容易产生顺承连词用法。连词"而后"由跨层结构"而(承接连词)+后(副词)"演化而来,"后"作为承接连词"而"后面的另外一个层级的时间副词,经常与"而"并列出现从而凝合为一个词,时间副词"后"的主要功能是标示时间先后关系,从而凸显出前后事件在时间上的承继性;连词"至于"是由"至(动词)+于(介词)"演化而来,介词"于"主要作用是标记动词"至"到达的处所,后虚化为由事理位移发展为提起后一事件;连词"于是"是由短语"于(介词)+是(代词)"演化而来,介词"于"主要作用是提起标记后面的代词"是",这在客观上起到了连接作用。

再次是选择连词。选择连词只有"为"经历了副词演变环节,"为"的演化过程为"为(动词:做)>为(系词)>为(语气副词:认定、确认)>为(语气副词:追究、探究)>为(选择连词)"。"为"之所以能由副词演化为选择连词,和其主观认定语气具有直接关系,由于选择本身是人的一种主观思考认定过程,二者存在语义相宜性,随着选择义的增强,其探究语气逐渐弱化,后来这种听说者的探究义被选择义替换,从而产生了选择连词用法。

最后是递进连词。绝大部分递进连词的来源与副词相关,我们讨论的15个递进连词中有12个与副词相关,之所以产生这种现象可能与递进连词的性质复杂有关,递进指客观事物、性状或事件之间在范围、程度、性质、时间等方面的层进关系,这种关系是主观比较后得出的认识,所以具有比较性和主观性。而副词语义类型非常多,根据张谊生[①]的分类,副词包括描摹性副词、评注性副词、关联副词、否定副词、时间副词、频率副词、程度副词、范围副词、协同副词和重复副词。这些副词中很多类别(如"描摹""评注""范围""程度"

---

① 张谊生:《现代汉语副词研究》,学林出版社2000年版,第21—22页。

副词）具有主观性，正好与递进连词的语义和语法性质契合，这才导致如此多的递进连词来源与副词相关。副词演化为递进连词的类型有三类。一是副词客观意义与递进义相关而演化为递进连词。如"不但""不独""非但""非独""非唯""非惟"，这些词的格式为"否定副词+范围副词"，其客观意义能够直接表达递进关系，通过对范围的否定表达范围不限于此的递进关系。二是副词本身意义和主观性与递进关系契合而演化成递进连词，如"并""况""乃至"。如副词"并"表示另提一个相关动作，多数情况下这种相关动作具有前后相继或连带关系，容易演化为递进关系。三是副词与递进连词意义或主观性结合而演化成递进连词，如"何况""况乃""岂况"。"何况""岂况"中的"何"和"岂"为语气副词，与递进连词"况"的强烈主观情感具有一致性，"况乃"中的"乃"为判断副词，而递进关系具有主观比较性和主观性，需要主观判断得出结论，二者正好在语义上能够结合。

三 名词和代词演化为连词

名词和代词与联合关系连词具有一定的相关性，但由名词和代词演化为连词的数量并不多，而且演化过程中名词和代词多为间接演化环节，很少直接演化为连词。这可能是因为名词、代词与连词的句法语义性质相隔太远，名词和代词属于体词，主要表达人、事物的名称，而连词属于关系连接词语，主要表述事物之间的联系，逻辑语义上属于谓词性质，与体词性的名词和代词相去甚远，所以很少有名词和代词直接演化为连词，即使是间接演化的数量也不多。我们重点讨论的中古联合关系连词中以名词和代词为源词的连词情况如表6-3所示。

表6-3　　　　　　　源于名词、代词的连词分布情况　　　　　　单位：个

类型	目标词	数量
并列连词		0
承接连词	然后、于是、则、因	4
选择连词	或、若	2
递进连词	况	1

表6-3显示，源词为名词和代词的连词总数有7个，其中承接连词最多有4个，其他类型数量都比较少。

由名词、代词演化为连词有两种类型，一是因为其语义蕴涵连接义而产生连接用法，二是因为其作为连接标记或具有连接用法而产生连接功能。前者如"则""因""况"，后者如"然后""于是""或""若"。首先来看第一种类型，名词和代词虽然属于体词，但有些体词语义中蕴含连接关系，从而能产生连接用法。承接连词"则"由动词"划分"义演化为名词"法则"，"法则"是共同遵守的规则，故产生"效法"义，"效法"具有学习前人思想、行为义，这种用法具有一定的相承关系，所以"效法"义有可能演变为承接关系义；"因"演化过程为"因（名词：茵）＞因（动词：因就）＞因（副词：就）＞因（承接连词）"，其中名词"因"为"茵褥"，即褥子或褥垫，由于褥子或褥垫是人们睡觉依靠的地方，所以产生动词"因就"义，这一意义含有主体靠近客体或主体按照客体作出动作之意；递进连词"况"的源词为名词"况"，意为"情形"，因为"情形"有不同所以产生"比较"义，"比较"产生高下之分，从而有"更加"义，"更加"义有比较含义，从而产生递进连词用法。上述名词和代词都具有演化为连词的若干语义属性，在一定的语用环境和人的认知作用下，它们就可能演化为连词。

第二种类型是因为名词或代词作为连接标记或具有连接用法而产生连接功能。如"然后"源于"X然，后Y"，"然"主要标记前一事

件的状态或结果,承接关系由时间副词"后"表示;承接连词"于是"源于"于(介词)+是(代词)","是"意为"这里、此时、这件事",和上文有直接的复指关系,能够和上文建立事理上的联系,自然而然产生连接关系;选择连词"或"由名词"有地"而来,后宾语泛化意义演变为"有人"或"有物",由于无定代词"或"常常并列使用,列举同时或分别出现的情况,其选择连词用法由此发展而来;选择连词"若"同样源于其指示代词用法,上古时期,"若"就产生了指示代词用法,当出现分指多个人或事物时,"若"就有可能演变为选择连词。

第二节 词汇化路径

关于词汇化的界定,目前学术界还没有比较一致的看法,L. Brinton 和 Traugott[1] 对词汇化的定义是说话者在语境中使用某种形式和意义兼备的句法或词汇构式,其形式和意义特征不能完全从构式成分或模式中推断出来;随着时间发展,构式内部成分进一步丧失,变得更具词汇性,这种变化就是词汇化。上述观点偏重于构式的词汇化,与王灿龙[2]看法类似,王文认为词汇化就是句法单位凝固为词的过程。国内学术界也有不同看法,我们主要参考吴福祥[3]和沈家煊[4]的观点来界定词汇化。吴福祥指出词汇化指的是一个非词汇的语言成分(如音系成分、语义项、句法成分、形态成分以及语用成分)演变为词汇成分的过程,而狭义的词汇化只指语法成分(形态标记、虚词以及结构式)

---

[1] L. Brinton & E. Traugott, *Lexiceliztion and Language Change*, Cambridge: Cambridge University Press, 2005.
[2] 王灿龙:《词汇化二例——兼谈词汇化与语法化的关系》,《当代语言学》2005 年第 3 期。
[3] 吴福祥:《关于语法化的单向性问题》,《当代语言学》2003 年第 4 期。
[4] 沈家煊:《语用原则、语用推理和语义演变》,《外语教学与研究》2004 年第 4 期。

演变为实义词的过程;沈家煊(2004)认为词汇化指词的组连(包括词组)变为词的演变。我们主要采用广义词汇化定义,凡是非词汇成分变为词汇成分的都谓之词汇化。因此,词汇化和语法化有很多重合的地方,第一节重点讨论了连词的语法化路径,这里讨论词汇化为了避免和上一节重复,重点讨论双音节连词的词汇化。本节主要从跨层组合、词组融合、同义复合三个方面讨论中古汉语联合关系连词的词汇化。

一 跨层组合

跨层组合是指处于不同语法层面的词由于经常连用而凝结为一个词的词汇化现象。跨层组合是中古联合关系连词中比较常用的词汇化手段,联合关系连词中四个词类都有分布,其分布情况如表6-4所示。

表6-4　　　　　　源于跨层组合的连词分布情况　　　　　　单位:个

连词类型	跨层组合连词	数量
并列连词	及以、及与、及于	3
承接连词	而后、然后、至于、若夫	4
选择连词	为是	1
递进连词	何况、况乃、岂况、而况	4

表6-4显示,跨层组合构成的连词共有12个,除了选择连词只有1个,其他三类连词中的数量都不少。根据跨层组合中构词的词类,我们发现跨层组合而成的连词主要有三种类型:动词组合、连词组合和跨句组合。

动词组合是动词与其他词类的跨层组合,这类词有5个,分别是"及以""及与""及于""至于""为是"。除了"为是"是连词"为"和系词"是"跨层组合,"及以""及于""至于"都是动词和介词组合。"及于""至于"由动词"及"和"至"与后面的介词结构"于"构成动补结构,由于"及于"和"至于"前后都为名词,且"及"和"至"有到达义,加上高频使用,容易演化出连接关系;"及以"情况略有不同,"及"和"以+NP"本来为不同层次的组合,但二者的连词化主要是因为"及"首先演变为连词,由于"及"经常和"以"搭配使用,"以"受"及"的同化而演变为连词;"为是"是由选择连词"为"与系词"是"演化而来,选择连词"为"本身就是由系词演化而成,因为系词经常表判断,适用于对已有情况的选择,当"为"虚化为连词之后,它经常与结构"是+NP"结合表达不同的选择项,由于语义契合且高频使用,最终导致二者跨层组合为一个词。

连词组合是连词与它所连接的后面小句中的成分组合成词。这种组合方式主要出现在句间连接中,句首的连词与后面小句中的某一成分属于不同层次,但二者经常共现,随着时间的发展二者组合成词。这类词有"而后""若夫",其实上文讨论的"为是"也是连词组合型。"而后""若夫"都是承接连词,"而后"是连词"而"和时间副词"后"组合而成,"而"作为承接连词连接前后连接项,"后"作为副词修饰连接后项,但"后"与连接后项的关系并不密切,加上"而"和"后"经常邻接出现,最终二者词汇化为承接连词;"若夫"是承接连词"若"与助词"夫"跨层组合而成,由于助词"夫"经常位于连接后项句首起发端作用,二者都位于句首,且功能相近,故能结合凝定为一个词。

跨句组合是处于不同小句的成分组合成词,虽然二者属于不同小句,但由于在词汇序列上相邻,故也能组合成词,"然后"就是这种情况。"然后"由"X然,后Y"格式发展而来,"然"是对上一小句的肯定,"后"是对下一小句的承接,二者句法位置相邻,语义依存度较高,具有由跨层结构凝定为一个词的句法语义条件。

二 词组融合

关于"融合"的概念,张谊生[1]在讨论副词的虚化时进行了界定,指本来是两个独立的性质不同的语言单位,由于语义的不断虚化、词义的逐步融合,最终合成了一个新的副词。张文基于副词虚化对"融合"概念的界定同样适用于连词的虚化,很多连词也是由不同语言单位融合而成,包括前面讨论过的跨层组合,下面讨论除跨层组合之外其他通过词组融合方式形成的连词,这类连词见表6–5。

表6–5 源于词组融合的连词分布情况 单位:个

连词类型	词组融合连词	数量
并列连词		0
承接连词	于是	1
选择连词		0
递进连词	不但、不独、非但、非独、非唯、非惟	6

表6–5显示,词组融合而成的连词主要集中于递进连词,另外三类中只有承接连词有1个。"于是"是由介宾结构"于(介词)+是(代词)"演化而来,该结构经常指代上文出现的时间、地点和事件,和上文有着天然连接,后其复指关系弱化,连接关系增强,介宾结构内部语义逐步融合为连词。"不但、不独、非但、非独、非唯、非惟"的构成方式为"否定副词+范围副词",是预递连词的主要表达方式,这种方式在语义上可以表达突破范围限制之意,表示不止一项,为后续内容铺垫,从而产生预递用法。它在句子中的语法结构为"[否定副词+[范围副词+NP/VP]]",其实严格来说,"否定副词"和

---

[1] 张谊生:《论与汉语副词相关的虚化机制——兼论现代汉语副词的性质、分类与范围》,《中国语文》2000年第1期。

"范围副词"还不是直接修饰关系，但由于二者连接使用，所以逐步融合为一个词。

三 同义复合

同义复合是意义相同或相近的词复合构成的连词，这种方式也是连词比较常用的构词方式，其分布情况见表6-6。

表6-6 源于同义复合的连词分布情况 单位：个

连词类型	同义复合连词	数量
并列连词	并及	1
承接连词	若乃	1
选择连词	宁可	1
递进连词	而况	1

表6-6显示，同义复合构词在四类连词中分布不多，但比较均匀。同义复合构词主要有两种情况，一是连词与连词复合，二是同义源词复合，第一种情况占多数，后一种情况只有"宁可"一个。连词与连词复合又有两种类型：首先是同类性质连词复合，如"并及"是并列连词和并列连词复合为一个并列连词使用，"若乃"则是承接连词和承接连词复合为承接连词，同类性质连词的复合可能是出于音节和谐、双音节化的需要产生的；其次是不同性质的连词复合，如"而况"为承接连词"而"和递进连词"况"的复合，不同性质连词的复合产生原因与同类性质连词复合不同，"而况"是因为"而"起连接作用，经常连接位于句首连接"况"标记的递进连词，由于位置邻接复合使用而成。同义源词复合指具有相同意义的源词联合使用演化为连词的情况，"宁可"中"宁"和"可"都为能愿动词，二者意思和用法基本相同，所以复合为一个词，类似的词在中古时期还出现了"能可"，也是这种用法。

中古汉语联合关系连词词汇化除了上面三种方式，还有词缀附着方式，这一时期的词缀有"当"和"复"两个，由此构成的连词有选择连词"或当""或复""为当""为复"、递进连词"况复"。

第三节 语法化机制及特点

联合关系连词的演化机制适用于一般演化规律，但同时也有自身特点，本节主要根据前面连词演化的相关研究总结中古汉语连词语法化的机制。关于语法化机制，学术界研究成果较多，根据 Hopper 和 Traugott[1]、Traugott[2]、B. Heine 和 T. Kuteva[3]、沈家煊[4]、吴福祥[5]的研究，语法化机制主要有重新分析、类推、隐喻、转喻、语用推理、语境吸收、语境扩展、主观化、交互主观化、去语义化、去范畴化等。这些机制在联合关系连词演化过程中都有体现，但受篇幅限制，本书不可能面面俱到，下面重点从语义虚化和泛化、隐喻和转喻、主观性和主观化三方面进行论述。

一 语义虚化和泛化

Jerzy Kurylowicz[6] 将虚化（semantic bleaching）定义为"一个语素的使用范围逐步增加较虚的成分和演变成一个较虚的语素。或者是从

---

[1] Hopper, P. J. & Traugott, E. C., *Grammaticalization*, Cambridge：Cambridge University Press, 1993.

[2] Traugott, E. C., "Subjectification in Grammaticalization", in Stein & Wright (ed.), *Subjectivity and Subjectivisation*, Cambridge：Cambridge University Press, 1995.

[3] Heine, B. & T. Kuteva, *World Lexicon of Grammaticalization*, Cambridge：Cambridge University Press, 2002.

[4] 沈家煊：《"语法化"研究综观》，《外语教学与研究》1994 年第 4 期。

[5] 吴福祥：《近年来语法化研究的进展》，《外语教学与研究》2004 年第 1 期。

[6] Kurylowicz, Jerzy, *The Evolution of Grammatical Categories*, *Esquisses Linguistics*, Munich：Wilhilm Fink Verlag, 1965, pp. 38 – 54.

一个不太虚的语素变成一个更虚的语素,如一个派生语素变成一个曲折语素"。也就是说,虚化指一个实义成分变成无实在意义、表语法功能的成分,或者一个意义较虚的成分变成更虚的成分。这一界定得到了西方语言学界的广泛认可。

连词往往是语法化链中的最后一环,是语法化程度较高的词类,语义虚化现象比较明显。从虚化轨迹来看,有的连词源词意义和目标词相关度较高,属于直接虚化;有的相关度较低,需要经历中间环节的过渡来间接虚化。直接虚化的如"并""及于""若"(承接连词)"宁""不但"等,这些连词有一个共同的特点,就是源词意义与连接语义具有直接联系,源词和目标词的语义没有太大区别。如动词和连词"并"在核心语义上都表"偕同"义,跨层结构"及于"和连词"及于"都表连带的对象,假设和承接连词"若"都提出新对象和新情况,能愿动词和是此非彼连词"宁"都表示心理意愿,"否定副词+范围副词"的"不但"和连词"不但"都表示不限于某种范围。正是因为直接虚化连词的源词和目标词之间的意义具有极大的相似性,二者之间的演变才简短、直接,但同时二者由于功能上的变化比较直接,所以语义上还是可以看到明显的虚化痕迹,如"并"失去了动作义增强了并列义,同样,"及于"也失去了空间距离接近义而增加了性质连接义;"若"主观假设义淡化而转承新情况义增加;"宁"心理活动性略有减少而取舍义加强;"不但"的动作修饰义消失而关系进层义增强。

下面看看间接虚化连词。连词属于虚化程度较高的功能词,而其源词有的意义比较实在,且意义与目标词关联程度较低,故只能通过中间环节虚化,这样的连词有"与""因""或""况"等。这些词的演化在语义上都经历了比较大的虚化过程,如"与"最初为"党与",是一个体词性词,因为隐含人与人之间的联系从而产生"偕同"动作义,后虚化为起介引作用的介词义,最后才完全虚化为表连接关系的连词;"因"最初为"茵褥",由于褥子或褥垫与人的关系产生动词"因就"义,动作义又进一步虚化为动作连接的副词"就"义,后进一步发展为纯粹表事理关系的连词;"或"本为性质名词"有地",后泛化为"有人"或"有物",后由于经常用于列举各种出现的情况而发展出选择连接义;"况"本为名词"情形"义,因隐含对出现情况的对比义从而演化出动词"比较"义,后具体比较动作义逐渐淡化而比较关系义增强,引申出副词"更加"义,最后发展为纯粹表递进关系的连词。上述词的演变过程都是由具体实义词类逐步弱化、虚化为抽象关系词类,空间或动作义逐渐消失而性质和关系义逐步增强,源词和目标词无论是在意义还是功能上相关性都很低,但经过多次演化之后其实在意义逐渐淡化、功能性逐渐加强,最终演化为和源词区别较大的目标词。从词类角度来看,名词、代词和连词语义相差较大,动词、副词和连词语义较近,介词和连词最为接近,所以名词、代词演变为连词时经常是间接虚化,动词、副词可能是间接虚化也可能是直接虚化,而介词到连词经常是直接虚化。

  泛化(generalization)指词的某些语义要素消失,导致其适用范围扩大的现象。泛化和虚化经常并列出现,一般语义虚化导致实词意义弱化或消失,使其搭配词语范围扩大,从而出现泛化。中古联合关系连词演化过程中的泛化现象十分常见,无论是直接虚化还是间接虚化都存在语义泛化现象。泛化一般表现为词语连接类型的扩大,如动词"及"在甲骨卜辞中经常出现在"及方""弗及"等短语中,其中的"及"即是"追及"之意,经常用于征伐之词,这一意义在上古后期仍在使用,但同时开始泛化用于一般和抽象动作或状态了,其具体动作义也抽象化和泛化为"涉及""参与"义,从而由具体动作演化为抽象的关涉动作了,从而演化出介词用法,后由此进一步泛化为纯粹表连接关系的并列连词。又如跨层组合"至于"在西周时期连用,最初用于连接处所,表处所或时间由此及彼的发展;西周春秋时期,

"至于"由到达处所泛化为到达对象、事物或事件;春秋战国时期由事理位移发展为提起后一事件,到西汉时期表纯粹转承关系的连词功能开始出现。

二 隐喻和转喻

隐喻(metaphor)和转喻(metonym)是认知语言学的基本概念,隐喻是根据概念之间的相似性将一个领域的概念投射到另一个领域,或者说从一个认知域(源域)投射到另一个认知域(目标域);转喻则是根据概念之间的相关性由显著度高的认知域过渡到显著度低的认知域。一般认为重新分析和类推是语法化的重要机制,这两种机制主要是通过隐喻和转喻形成的,重新分析是根据部分和整体、部分和部分的邻接关系的重新组合,因而与转喻相关,类推是根据事物的相似关系,它与隐喻相关[1]。所以Hein, B., U. Claudi 和 F. Hünnemeyer[2]将语法化看成认知域之间的转移过程,他们把各个基本的认知域排成一个由具体到抽象的等级:人>物>事>空间>时间>性质。

隐喻是一种重要的认知模式,是新的意义产生的重要来源之一。隐喻主要根据认知域里的联想来表达新的概念,最常见的隐喻是用具体、常见的概念隐喻比较抽象的概念。连词演化过程中存在大量的隐喻创新概念,如"及"从具体动作义演化为抽象关涉义的主要机制是隐喻,因为具体动作"追及"与抽象的"涉及""参与"义存在相似关系,二者都是由分离到接触过程,只不过一个是空间距离的接触,一个是关系或状态的接触。又如递进连词"乃至"由副词"乃"和动

---

[1] 王寅、严辰松:《语法化的特征、动因和机制——认知语言视野中的语法化研究》,《解放军外国语学院学报》2005年第4期。
[2] Hein, B., U. Claudi & F. Hünnemeyer, *Grammaticalization: A Conceptual Framework*, Chicago: the University of Chicago Press, 1991.

词"至"凝定而成,"乃至"在上古时期主要用作具体空间位移义,后演化出结果义,从具体空间位移义到结果义的产生机制主要是隐喻,因为表位移的"到达"或"来到"与某种原因导致的结果具有相似性,位移在某种程度上可以看成"到达"或"来到"某处的原因,而"到达"或"来到"某处可以看成位移的结果。上面两例都是由空间域到性质域的转移,有些连词发展过程还涉及多个认知域的转移。

转喻也是一种重要的认知模式,是两个相关认知域的过渡。连词演化过程中的转喻现象大量存在,如并列连词"与"的源词为名词"与",其名词义"党与"演化为动词义"偕同""与……一起","党与"虽然是表人名词,但其性质要求主要人员与随从人员聚合在一起,根据这种相关性演化出动词义"偕同""与……一起",该演化过程是由人到事,也可以看成由空间到时间的转移,因为"党与"作为体词具有空间性质,而"偕同""与……一起"作为谓词具有时间性质。后来动词义"偕同""与……一起"又演化出介词义"和""同"及并列连词义,这种演化过程是由事件到性质的转移,或者说由时间到性质的转移。又如连词"因"的演化过程为:因(名词:茵)>因(动词:因就)>因(副词:就)>因(承接连词),从名词演化为动词是由物到动作的转移,从动词到副词和连词是由动作到关系性质的转移,演化过程中事物的空间性逐步消失,时间性增强,后来时间性也淡化,演化为纯粹的关系性质。

三 主观性和主观化

主观性(subjectivity)和主观化(subjectivisation)是一个相关的概念,Lyons[①]对主观性进行了界定:"主观性是指语言的这样一种特

---

① Lyons, J., *Semantics*, 2 Vols, Cambridge: Cambridge University Press, 1977, p. 739.

性，即在话语中多多少少总是含有说话人'自我'的表现成分。也就是说，说话人在说出一段话的同时表明自己对这段话的立场、态度和感情，从而在话语中留下自我的印记。"主观化则是语言为表现这种主观性而采用相应的结构形式或经历相应的演变过程①。当前对于主观性和主观化的研究主要集中于说话人的视角、说话人的情感和说话人的认识三个方面。视角是说话人对客观情状的观察角度，或是对客观情状加以叙说的出发点；情感是说话人的感情、情绪、意向、态度等；认识是说话人对客观情状的观察。

连词演化过程中存在大量主观性和主观化现象，其中体现最为明显的是说话人视角的转换，视角转换往往会导致认知侧重的不同，从而引发功能的演化。Langacker② 认为词语的意象由基体（base）和侧重（profile）构成，基体为参照辖域，侧重为凸显部分。如果观察角度不同，基体和侧重有可能会产生变化，从而引起意义的变化。连词演化过程中很多源词主要侧重于动作、修饰或介引关系，但由于它们经常用于关联语境，人们关注的焦点逐渐转向其关联功能，从而引起其功能的变化。如选择连词"或"的源词为"有地"，后泛化为"有人""有些人""有的""有些"等无定代词义，其代词义常用于分指不同的动作或状态，如"尔羊来思，其角濈濈；尔牛来思，其耳湿湿。或降于阿，或饮于池，或寝或讹"（《诗经·小雅·无羊》）。由于这种语境的使用，人们慢慢淡化其代词义，将注意重心放到其分指项之间的关系上，所以连词"或"一般用于前面分句进行总体原因或状况描述，后面分句对前句进行列举式的描述，分述各种状态或动作，这种转变正是人们视角转换造成的。又如选择连词"为"，其源词为动作动词"做"义，后虚化为判断系词，由于判断系词经常用于说话

---

① 沈家煊：《语言的"主观性"和"主观化"》，《外语教学与研究》2001 年第 4 期。
② Langacker, R. W., *Foundation of Cognitive Grammar: Theoretical Prerequisites*, Standford Standford University Press, 1987, p. 183.

者的主观断定，问话者经常要探究哪一个选项符合事实，希望听话人在提供的两个选项中选择一个作为回答，故产生语气副词用法，语气副词"为"经常用于说话者提供两个选择让听话者选择的语境中，导致人们将视角转向选择义，探究语气逐渐弱化，后来这种听说者的探究义被选择义替换，从而产生了选择连词用法。所以"为"的演化就是其由指代视角向探究视角再到连接视角的转化过程。

说话人的情感和说话人的认识在很多连词产生过程中起着重要作用，很多连词演化过程中伴随着说话人的主观情感的加深和认识的增强，其"意义变得越来越依赖于说话人对命题内容的主观信念和态度"[①]。如承接连词"然则"的源词为"然（代词）+则（连词）"，意为"这样那么"，主要是指代上文并承接下文，其源词指代和承接作用意义都具备，但中古时期其顺承语气增强指代意义减弱，它在使用过程中往往包含说话人的推理过程，说话人推理时会伴随一种高程度的推理语气，表现在句中往往带上强烈的陈述、感叹和反问语气，所连接的后项句子或复句句尾多半都有表陈述的语气词"也"或"矣"来加强陈述语气。又如递进连词"况"源词为名词，为"情形"义，是一个典型的客观性质的名词，说话者使用过程中慢慢会将"情形"前后进行对比，由此产生"比较"义，这一义项的产生是说话者主观对比的结果，由于"比较"有高下之分于是产生"更加"义，这一义项同样也是主观推理的结果，是说话者对这一结果的认识，最终由"比较"和"更加"义演化为层进关系的连词。"况"的递进用法的产生和演化离不开说话者对客观事物"情形"的比较，说话者将这种主观认识融合到词义当中，使得词义功能进一步发生变化。

---

① Traugott, E. C., "Subjectification in Grammaticalization", in Stein, D. & Wright, S. (ed.), *Subjectivity and Subjectivisation*, Cambridge: Cambridge University Press, 1995, p.35.

本章小结

本章讨论了中古联合关系连词的历时演变问题,从联合关系连词的语法化路径、词汇化路径和语法化机制三方面进行了论述。首先,从联合关系连词的语法化路径来看,由于连词的虚化程度较高,其源词也比较复杂,主要源词有动词、副词、介词、名词和代词,动词是中古汉语联合关系连词的主要来源词,动词的语义特征和连词的存在继承演化关系;有相当多的连词经历了副词化或介词化的中间环节,这种现象与副词和介词的功能性质直接相关;名词和代词与联合关系连词具有一定的相关性,但由名词和代词演化为连词的数量并不多,而且演化过程中名词和代词多为间接演化,很少直接演化为连词。

其次,从词汇化路径来看,本章主要从跨层组合、词组融合、同义复合三个方面讨论中古汉语联合关系连词的词汇化。根据跨层组合中构词的词类,我们发现跨层组合而成的连词主要有三种类型:动词组合、连词组合和跨句组合;词组融合而成的连词主要集中于递进连词,另外三类中只有承接连词有一个;同义复合构词主要有两种情况,一是连词与连词复合,二是同义源词复合,第一种情况占多数,后一种情况只有"宁可"一个。

再次,从语法化机制来看,本章从语义虚化和泛化、隐喻和转喻、主观性和主观化三方面讨论了连词演化机制。从虚化轨迹来看,有的连词源词意义和目标词相关度较高,属于直接虚化;有的相关度较低,需要经历中间环节的过渡来间接虚化。隐喻和转喻是一种重要的认知模式,是新的意义产生的重要来源之一,连词演化过程中存在大量的隐喻和转喻创新概念;连词演化过程中存在很多主观性和主观化现象,其中体现最为明显的是说话人视角的转换,说话人的情感和说话人的认识在很多连词产生过程中起着重要作用,很多连词演化过程中伴随有说话人的主观情感和认识的增强。

结　语

上古时期，汉语中的并列、承接、选择、递进、转折、因果、假设、让步和目的关联范畴基本产生，但数量少，以单音节为主，兼类和通假现象普遍，用法还不是很固定。中古联合关系连词在整个汉语连词发展历史中具有承上启下的作用：首先，连词各类关联范畴基本成熟，如转承连词的发展、未定选择连词的增加、否定类递进连词的产生等，极大地填补了先秦连词小类用法的空白；其次，双音节连词格局基本形成，双音节连词占连词总数的60%以上，双音节词汇表义比单音节词汇更具精确性、复杂性，可以表示更多的逻辑语义关系，符合汉语表达方式精密化和丰富化的发展特点；再次，出现了一批使用频率高、连接功能成熟的连词，如"并""或""为"等，还有些连词用法不断丰富，出现了大量新用法，如"若""况"等。当然，中古联合关系连词还处于汉语发展的中期，也有不太成熟的地方，如有些连词小类如递进连词中的衬托连词用法还没有产生；双音节连词虽然在数量上占多数，但使用频率较高、分布较广泛的连词还是以单音节连词为主；同义词和兼类词较多，用法还不太规范；等等。

中古时期联合关系连词兴替速度加快。上古汉语连词数量有限、更新缓慢，中古时期产生了大量联合关系连词，我们重点讨论的49个连词中有27个为中古时期产生连词，占总数的55%；中古时期产生连词中双音节连词有 20 个，占产生连词总数的 74%，表明双音节连词具有极大的能产性。不同关联范畴的连词兴替各具特点：有的关联范畴几乎全部沿用上古连词，如我们讨论的 10 个承接连词，先秦时期一些基本的顺承功能已经完全产生，只是在转承功能上有新的突破；有的关联范畴则几乎进行了全面替换，由先秦继承的较少，如我们重点讨论的并列、选择和递进连词绝大部分产生自中古，新产生连词分别有 6 个、8 个和 11 个，分别占所在关联范畴总数的 67%、80% 和 73%。

  连词是语法化程度最高的虚词之一，其来源和演化过程较其他虚词更复杂，中古汉语联合关系连词同样具有如下特点：首先，连词来源具有多元化特点，从词源上来看动词、名词、代词、副词、介词、连词都可以成为连词的源词，从结构上来看同义复合、跨层组合、词组融合、词缀附着均是联合关系连词的词汇化方式，除了上述这些来源，甚至跨句结构如"X 然，后 Y"也能演化为连词；其次，连词的语法化机制和手段十分丰富，常见的语法化手段如重新分析、类推、隐喻、转喻、语用推理、语境吸收、语境扩展、主观化、交互主观化、去语义化、去范畴化等，在联合关系连词演化过程中都有体现。

  本书主要就中古汉语的使用情况和演化过程作了初步的描写和解释，限于作者水平，文章还存在一些有待改进的地方：首先，有的连接范畴连词的收录可能还有遗漏之处，即使已经收录的连词某些用例也可能不太典型，甚至有些用法可能我们还没有观察到；其次，对于连词演化过程的描写有的还不太详尽，某些连词用法的演变是一个渐进过程，其语义和语用变化十分缓慢，这一过程需要通过大量文本语料的搜集和观察才能得出结论，我们的描写可能还只是粗线条的勾勒，今后还需要进一步深入探讨；再次，连词的演化机制十分复杂，其来源具有多元化特点，演化机制和手段丰富，要完全展示其演化机制和手段还需要进一步研究。

主要引书目录

《百喻经》(4卷),(萧齐)求那毗地译,《大正新修大藏经》第4册。
(晋)葛洪著,王明校释:《抱朴子内篇校释》,中华书局1985年版。
(晋)葛洪著,杨照明校笺:《抱朴子外篇校笺》,中华书局1997年版。
《长阿含经》(22卷),(后秦)佛陀耶舍共竺佛念译,《大正新修大藏经》第1册。
《佛本行集经》(60卷),(隋)阇那崛多译,《大正新修大藏经》第3册。
鲁迅辑:《古小说钩沉》,《鲁迅全集》第八卷,人民文学出版社1973年版。
(刘宋)范晔撰:《后汉书》,(唐)李贤注,中华书局1965年版。
《六度集经》(8卷),(东吴)康僧会译,《大正新修大藏经》第3册。
(东汉)王充著,黄晖校释:《论衡校释》,中华书局1990年版。
(梁)萧子显:《南齐书》,中华书局1972年版。
《菩萨本缘经》(3卷),(东吴)支谦译,《大正新修大藏经》第3册。
(北魏)贾思勰:《齐民要术校释》,缪启愉校释,农业出版社1982年版。
(晋)陈寿:《三国志》,(刘宋)裴松之注,中华书局1959年版。
《生经》(5卷),(西晋)竺法护译,《大正新修大藏经》第3册。

（刘宋）刘义庆著，徐震堮校笺：《世说新语校笺》，中华书局1984年版。

（北魏）郦道元著，陈桥驿校释：《水经注校释》，杭州大学出版社1999年版。

（南朝梁）沈约：《宋书》，中华书局1974年版。

（东晋）干宝：《搜神记》，汪绍楹校注，中华书局1979年版。

俞理明正读：《太平经正读》，巴蜀书社2001年版。

《太子须大拏经》（1卷），（西秦）圣坚译，《大正新修大藏经》第3册。

（北齐）魏收：《魏书》，中华书局1974年版。

《贤愚经》（13卷），（北魏）慧觉等译，《大正新修大藏经》第4册。

《修行本起经》（2卷），（东汉）竺大力共康孟详译，《大正新修大藏经》第3册。

（北齐）颜之推著，王利器集解：《颜氏家训集解》，中华书局1993年版。

（南朝梁）殷芸：《殷芸小说》，周楞伽辑注，上海古籍出版社1984年版。

《杂宝藏经》（10卷），（北魏）吉迦夜共昙曜译，《大正新修大藏经》第4册。

《杂譬喻经》（1卷），（东汉）支娄迦谶译，《大正新修大藏经》第4册。

《中本起经》（2卷），（东汉）昙果共康孟详译，《大正新修大藏经》第4册。

《周易》《尚书》《诗经》《礼记》《左传》《公羊传》《穀梁传》《论语》《尔雅》《孟子》，出自《十三经注疏》，中华书局1980年版。

《撰集百缘经》（10卷），（东吴）支谦译，《大正新修大藏经》第4册。

参考文献

一 中文文献

(一) 著作

陈永正：《西周春秋铜器铭文中的联结词》，《古文字研究》（第十五辑），中华书局1986年版。

戴家祥编：《金文大字典》，学林出版社1995年版。

方一新：《从中古词汇的特点看汉语史的分期》，《汉语史学报》（第四辑），上海教育出版社2004年版。

方一新、王云路编著：《中古汉语读本》，吉林教育出版社1993年版。

冯胜利：《汉语的韵律、词法与句法》，北京大学出版社1997年版。

高名凯：《汉语语法论》（修订版），科学出版社1957年版；（原版）开明书店1948年版。

故宫博物院编：《唐兰先生金文论集》，紫禁城出版社1995年版。

管燮初：《西周金文语法研究》，商务印书馆1981年版。

管燮初：《殷墟甲骨刻辞的语法研究》，中国科学院，1953年。

郭沫若：《甲骨文字研究》，科学出版社1962年版。

郭沫若：《两周金文辞大系图录考释》（修订版），科学出版社1957年版。

郭翼舟：《副词　介词　连词》，上海教育出版社1984年版。

何乐士：《〈左传〉虚词研究》，商务印书馆1989年版。

洪波：《论汉语实词虚化的机制》，吴福祥主编《汉语语法化研究》，商务印书馆2005年版。

洪波：《论平行虚化》，《汉语史研究集刊》（第二辑），巴蜀书社2000年版。

胡裕树主编：《现代汉语》（重订本），上海教育出版社1995年版。

黄伯荣、廖序东主编：《现代汉语》（增订四版下册），高等教育出版社2007年版。

江蓝生：《魏晋南北朝小说词语汇释》，语文出版社1988年版。

蓝鹰：《上古单音节连词考源——从词类角度作的考察》，《语言研究论丛》（第六辑），天津教育出版社1991年版。

李泉：《副词和副词的再分类》，载胡明扬主编《词类问题考察》，北京语言学院出版社1996年版。

廖秋忠：《廖秋忠文集》，北京语言学院出版社1992年版。

廖序东：《楚辞语法研究》，语文出版社1995年版。

刘淇著，章锡琛校注：《助字辨略》，中华书局1954年版。

柳士镇：《从语言角度看〈齐民要术〉卷前〈杂说〉非贾氏所作》，王云路、方一新编《中古汉语研究》，商务印书馆2004年版。

柳士镇：《魏晋南北朝历史语法》，南京大学出版社1992年版。

吕叔湘：《汉语语法分析问题》，商务印书馆1979年版。

吕叔湘：《文言虚字》，上海教育出版社1959年版。

吕叔湘：《中国文法要略》（修订本），商务印书馆1982年版。

吕叔湘著，江蓝生补：《近代汉语指代词》，学林出版社1985年版。

马建忠：《马氏文通》，商务印书馆1983年版。

梅祖麟：《现代汉语选择问句法的来源》，《梅祖麟语言学论文集》，商务印书馆2000年版。

潘允中：《汉语语法史概要》，中州书画社1982年版。

裴学海：《古书虚字集释》（修订版），中华书局2004年版。

孙锡信：《汉语历史语法要略》，复旦大学出版社1992年版。

［日］太田辰夫：《汉语史通考》，江蓝生、白维国译，重庆出版社1991年版。

谭庸编：《连接词使用法》，上海北新书局1953年版。

汤廷池：《国语语法研究论集》，台湾学生书局1979年版。

（清）王筠：《说文释例》，中华书局1987年版。

王力：《汉语史稿》，中华书局2015年版。

王力：《中国现代语法》，商务印书馆1943年版。

王维贤：《现代汉语语法理论研究》，语文出版社1997年版。

吴福祥：《敦煌变文语法研究》，岳麓书社1996年版。

席嘉：《近代汉语连词》，中国社会科学出版社2010年版。

向熹编著：《简明汉语史》（下），高等教育出版社1993年版。

邢福义：《复句与关系词语》，黑龙江人民出版社1985年版。

邢福义：《汉语复句研究》，商务印书馆2001年版。

邢福义：《汉语语法学》，东北师范大学出版社1996年版。

徐中舒主编：《甲骨文字典》，四川辞书出版社1989年版。

杨伯峻、何乐士：《古汉语语法及其发展》，语文出版社1992年版。

杨伯峻：《中国文法语文通解》，商务印书馆1956年版。

杨树达：《词诠》，商务印书馆1928年版。

易孟醇：《先秦语法》，湖南教育出版社1989年版。

于省吾：《甲骨文字诂林》，中华书局1996年版。

袁雪梅：《中古汉语的关联词语：以鸠摩罗什译经为考察基点》，人民出版社2010年版。

张宝林：《关联副词的范围及其与连词的区分》，载胡明扬主编《词类问题考察》，北京语言学院出版社1996年版。

张文贤：《现代汉语连词的语篇连接功能研究》，北京大学出版社 2017 年版。

张谊生：《现代汉语副词研究》，学林出版社 2000 年版。

张玉金：《甲骨文虚词词典》，中华书局 1994 年版。

张玉金：《甲骨文语法学》，学林出版社 2001 年版。

[美] 赵元任：《汉语口语语法》，吕叔湘译，商务印书馆 1979 年版。

中国社会科学院语言研究所古代汉语研究室编：《古代汉语虚词词典》，商务印书馆 1999 年版。

钟旭元、许伟建编著：《上古汉语词典》，海天出版社 1987 年版。

周刚：《连词与相关问题》，安徽教育出版社 2002 年版。

周祖谟：《汉语发展的历史》，载《周祖谟语言文史论集》，浙江古籍出版社 1988 年版。

朱德熙：《语法讲义》，商务印书馆 1982 年版。

朱庆之：《佛典与中古汉语词汇研究》，台北：文津出版社 1992 年版。

（二）期刊

蔡镜浩：《中古汉语的连词"被"》，《中国语文》1995 年第 2 期。

曹炜：《近代汉语并列连词"并"的产生、发展及其消亡》，《语文研究》2003 年第 4 期。

曹炜：《近代汉语中被忽视的"和"类虚词成员"并"——以〈金瓶梅词话〉中"并"的用法及分布为例》，《古汉语研究》2006 年第 4 期。

曹秀玲、张磊：《"否则"类连词的语法化梯度及其表现》，《汉语学习》2009 年第 6 期。

陈宝勤：《先秦连词"而"语法语义考察》，《古汉语研究》1994 年第 1 期。

储诚志：《连词与介词的区分——以"跟"为例》，《汉语学习》1991 年第 5 期。

段德森：《副词转化为连词浅说》，《古汉语研究》1991年第1期。

范崇峰：《魏晋南北朝佛教文献连词研究》，硕士学位论文，南京师范大学，2004年。

方梅：《会话结构与连词的浮现义》，《中国语文》2012年第6期。

方梅：《自然口语中弱化连词的话语标记功能》，《中国语文》2000年第5期。

方一新：《〈抱朴子内篇〉词义琐记》，《浙江大学学报》（人文社会科学版）1999年第4期。

古川裕：《关于"要"类词的认知解释——论"要"由动词到连词的语法化途径》，《世界汉语教学》2006年第1期。

何洪峰、孙岚：《"然后"的语法化及其认知机制》，《云南师范大学学报》（对外汉语教学与研究版）2010年第5期。

黄盛璋：《论连词跟副词的划分》，《语文教学》1957年第8期。

江蓝生：《汉语连—介词的来源及其语法化的路径和类型》，《中国语文》2012年第4期。

金国泰：《〈连词"则"的起源和发展〉商榷》，《中国语文》2003年第4期。

李崇兴：《选择问记号"还是"的来历》，《语言研究》1990年第2期。

李杰群：《连词"则"的起源和发展》，《中国语文》2001年第6期。

李晋霞：《论话题标记"如果说"》，《汉语学习》2005年第1期。

李绍群：《"尚且……何况"句式的来源及虚化轨迹》，《古汉语研究》2012年第3期。

李英哲、卢卓群：《汉语连词发展过程中的若干特点》，《湖北大学学报》（哲学社会科学版）1997年第4期。

李宗江：《连词"何况"和"岂况"是怎样形成的?》，《汉语学报》2014年第2期。

刘坚：《试论"和"字的发展，附论"共"字和"连"字》，《中国语文》1989年第6期。

刘静辉：《怎样辨别连词"和"与介词"和"》，《语文教学与研究》1984年第2期。

刘利：《上古汉语的双音节连词"然而"》，《中国语文》2005年第2期。

刘祥友：《"因"的虚化机制探析》，《湖南城市学院学报》2007年第5期。

刘玉红：《介词研究二题》，《广东广播电视大学学报》2012年第3期。

陆俭明：《汉语中表示主从关系的连词》，《北京大学学报》（哲学社会科学版）1983年第3期。

马清华：《并列连词的语法化轨迹及其普遍性》，《民族语文》2003年第1期。

孟昭连：《汉译佛经语体的形成》，《中南民族大学学报》（人文社会科学版）2009年第2期。

沈家煊：《复句三域"行、知、言"》，《中国语文》2003年第3期。

沈家煊：《"语法化"研究综观》，《外语教学与研究》1994年第4期。

沈家煊：《语言的"主观性"和"主观化"》，《外语教学与研究》2001年第4期。

沈家煊：《语用原则、语用推理和语义演变》，《外语教学与研究》2004年第4期。

沈锡伦：《从"和"字看介词和连词的区别》，《语文学习》1987年第2期。

石毓智：《判断词"是"构成连词的概念基础》，《汉语学习》2005年第5期。

史金生：《"要不"的语法化——语用机制及相关的形式变化》，《解放军外国语学院学报》2005年第6期。

史金生、孙慧妍：《"但（是）"类转折连词的内部差异及其形成机制》，《语文研究》2010年第4期。

宋玉柱：《再谈关联词语在单句成分间的连接作用——从"却"字连接主、谓谈起》，《汉语学习》1990年第3期。

汪维辉：《〈齐民要术〉卷前〈杂说〉非贾氏所作补证》，《古汉语研究》2006年第2期。

汪维辉：《试论〈齐民要术〉的语料价值》，《古汉语研究》2004年第4期。

王灿龙：《词汇化二例——兼谈词汇化与语法化的关系》，《当代语言学》2005年第3期。

王大新：《一次只能应用一个标准——也论连词、介词的划分》，《汉语学习》1998年第1期。

王天佑：《连词"与其"词汇化的过程及动因》，《语文研究》2011年第2期。

王寅、严辰松：《语法化的特征、动因和机制——认知语言学视野中的语法化研究》，《解放军外国语学院学报》2005年第4期。

吴福祥：《关于语法化的单向性问题》，《当代语言学》2003年第4期。

吴福祥：《汉语伴随介词语法化的类型学研究——兼论SVO型语言中伴随介词的两种演化模式》，《中国语文》2003年第1期。

吴福祥：《近年来语法化研究的进展》，《外语教学与研究》2004年第1期。

武振玉：《两周金文中连词"则"的用法研究》，《古籍整理研究学刊》2007年第2期。

席嘉：《"除"类连词及相关句式的历时考察》，《语言研究》2010年第1期。

邢福义、姚双云：《连词"为此"论说》，《世界汉语教学》2007年第2期。

徐朝红：《中古汉译佛经连词研究——以本缘部连词为例》，博士学位论文，湖南师范大学，2008年。

徐朝红:《中古汉语并列连词"并"的发展演变》,《语言研究》2007年第4期。

薛凤生:《试论连词"而"字的语意与语法功能》,《语言研究》1991年第1期。

薛健:《试析连词"与"的分界功能》,《汉语学习》2002年第3期。

姚尧:《"或"和"或者"的语法化》,《语言研究》2012年第1期。

俞理明:《汉魏六朝佛经在汉语研究中的价值》,《四川大学学报》(哲学社会科学版)1987年第4期。

张博:《组合同化:词义衍生的一种途径》,《中国语文》1999年第2期。

张谊生:《交互类短语与连介兼类词的分化》,《中国语文》1996年第5期。

张谊生:《论与汉语副词相关的虚化机制——兼论现代汉语副词的性质、分类与范围》,《中国语文》2000年第1期。

赵长才:《中古汉语选择连词"为"的来源及演变过程》,《中国语文》2011年第3期。

钟旭元、许伟建:《甲骨文金文通假字释例》,《华南师范大学学报》(社会科学版)1987年第1期。

周生亚:《并列连词"与、及"用法辨析》,《中国语文》1989年第2期。

二 英文文献

Anderson, J. M., *The Grammar of Case: Towards a Localitic Theory*, Cambridge: Cambridge University Press, 1979.

Brinton, L. J. & Traugott, E. C., *Lexicaliztion and Language Change*, Cambridge: Cambridge University Press, 2005.

Bybee, J., Perkins, R. & Pagliuca, W., *The Evolution of Grammar*, Chicago: Chicago University Press, 1994.

Dik, Simon C., *The Theory of Functional Grammar. Part 1: The Structure of Clause*, ed. By Kees Hengeveld, Second, Revised Version, Berlin & New York: Mouton de Gruyter, 1997, p. 406.

Givón, T., *On Understanding Grammar*, New York: Academic Press, 1979.

Halliday, M. A. K., *Introduction to Functional Grammar*, London: Arnold, 1985/2004, pp. 3–86.

Hein, B., U. Claudi & F. Hünnemeyer, *Grammaticalization: A Conceptual Framework*, Chicago: The University of Chicago Press, 1991.

Heine, B. & T. Kuteva, *World Lexicon of Grammaticalization*, Cambridge: Cambridge University Press, 2002.

Hopper, Paul J., "Aspect and Foregrounding in Didcourse", in Talmy Givón ed. *Syntax and Semantics 12*, New York: Acadamic Press, 1979.

Hopper, Paul J., "On Some Principles of Grammaticallization", in Elizabeth Traugott & Bernd Hein ed., *Approaches to Grammaticalization*, Vol. 1, 1991, pp. 17–36.

Hopper, P. J. & Traugott, E. C., *Grammaticalization*, Cambridge: Cambridge University Press, 1993.

Kurylowicz, *Jerzy the Evolution of Grammatical Categories*, *Esquisses Linguistics*, Munich: Wilhlm Fink Verlag, 1965, pp. 38–54.

Langacker, R. W., *Foundation of Cognitive Grammar: Theortical Prerequisites*, Standford: Standford University Press, 1987.

Lehmann, Christian, *Thoughts on Grammaticaliztion*, Second, Revised Edition Seminars für Sprachwissenschafter der Universität Erfurt, 2002.

Liu, Jian & Peyraube, A., *History of Some Coordinative Conjunctions in*

Chinese, Journal of Chinese Linguistics, 1994 (2).

Lyons, J., *Semantics*, 2 Vols, Cambridge: Cambridge University Press, 1977.

Newmeyer, F. J., "Deconstructing Grammaticalization", *Language Science*, 2001 (23).

Norde, M., *Degrammticalization*, Oxford: Oxford University Press, 2009.

Peyraube, A., "Recent Issues in Chinese Historical Syntax", in Huang, C. T. James & Audrey Li, Y. H. eds, *New Horizons in Chinese Linguistics*, *Dordrecht*, Boston and London: Kluwer, 1996.

Sweetser, Eve, *From Etymology to Pragmatics: Metaphorical and Culture Aspects of Semantics Structure*, Cambridge: Cambridge University Press, 1990, pp. 1 – 89.

Traugott, E. C., "Subjectification in Grammaticalization", in Stein & Wright (ed.), *Subjectivity and Subjectivisation*, Cambridge: Cambridge University Press, 1995.

Traugott, Elizabeth C., "Grammaticalization and Lexicalization", in Brown, E. K. & Miller, J. E. & Brown, K. (ed.), *Concise Encyclopedia of Syntactic Theories*, Oxford, New York: Pergamon, 1996.

后　记

　　近年来汉语连词研究成果逐渐增多，我的这本书是在我博士学位论文基础之上，经过几年的沉淀加工而成的。这本书并不是我个人的成果，而是在身边人关心下完成的。在写作过程中我收获了很多成果之外的东西。这里包含着老师们的指导和鼓励、朋友们的帮助和肯定、家人的理解和支持。借由这本书的出版，对帮助过我的亲朋师友表示感谢，没有你们的帮助，就没有我这一小小的成果。

　　本书的出版得到重庆师范大学校级出版基金项目（项目编号：J8XCB09）资助。

范桂娟